U0507142

不做加班族

史上最简单时间管理术

弗格斯·奥康奈尔——著

杨晨光 单 静——译

Simply Brilliant

The Competitive Advantage of Common Sense

首都师范大学出版社

CAPITAL NORMAL UNIVERSITY PRESS

图书在版编目（CIP）数据

不做加班族：史上最简单时间管理术/(英)奥康奈尔著；杨晨光，单静译．—北京：首都师范大学出版社，2011.1

ISBN 978-7-5656-0271-9

Ⅰ.①不… Ⅱ.①奥… ②杨… ③单… Ⅲ.①时间—管理 Ⅳ.①C935

中国版本图书馆CIP数据核字(2011)第015339号

北京市版权局著作权合同登记号　图字：01-2011-0377号

永贞开元

利于贞，應乎天而時行

策 划 人　景 雁
责任编辑　张诗扬
装帧设计　巴斯光年workshop

不做加班族：史上最简单时间管理术
Simply Brilliant: The Competitive Advantage Of Common Sense
弗格斯·奥康奈尔 (Fergus O'Connell)　　著　　杨晨光 单静 译

首都师范大学出版社出版发行
地　　址　北京西三环北路105号
邮　　编　100048
电　　话　010-68982468（发行部）　　68418523（总编室）
网　　址　http://www.cnupn.com.cn/
全国新华书店发行
北京佳信达欣艺术印刷有限公司印装
开　　本　880mm×1230mm　1/32
印　　张　9
版　　次　2011年4月第1版
　　　　　2011年4月第1次印刷
字　　数　144千字
定　　价　29.80 元
如有质量问题，请与印刷厂调换。010-62189683

"遇到表里如一的好书，总会让人感到心情舒畅。而《不做加班族》正是这些好书中的一本。从这本书的第一版面世起，它就一直作为人们重要的参考书籍。现在，它更成为所有职场中人的推荐书目。"

——爱尔兰视觉艺术家组织，首席执行官/总监，诺埃尔·凯利

"《不做加班族》一书中囊括了许多优秀的建议和形象生动的案例。对于任何一位希望简化他们的生活、迈向更高阶梯的人士，这本书都不可不读！而并非我们每个人都拥有这种智慧！"

——可口可乐公司澳大利亚/新西兰分公司，管理总监，瓦里克·怀特

"弗格斯深入行业精髓，抓住事件本质的能力是无与伦比的。他再一次让复杂变得澄清，借此让每个人都有机会分享他在那些艰难日子中获得的经验。"

——内尔斯及合伙人（私人）有限公司，迈克·内尔斯

"《不做加班族》是一本好书。它证明了那些出色的创意并不一定是复杂的。在做事方面，弗格斯是一名专家。他关于常识的理论是简单而有效的！"

——欧洲工商管理学院（INSEAD），企业家研究专业，企业家暨客座教授，罗姆尔·佩雷拉

关于作者❶/ 前言⓵/ 导言⓿

故事是这样的浅显——要是人们不去工作，工作就无法完成，要是有足够多的工作得不到完成，事情就会变糟。一般来说，员工不会故意不去做事。但是由于各种各样的原因导致这种现象的发生。最常见的原因有：

人员混乱——他们不知道他们应该去做什么；

过度忙碌——他们知道他们应该去做什么，但他们没有时间去做；

能力不足——他们不具有完成工作所必需的专业知识和经验。

所以，如果我们要解决工作不力的问题，必须要先解决这三大原因。

"人生充满了意外。"可能每个星期结束时，我们都会感叹这句话的真切。尽管我们付出了最大的努力，各种意外情况仍然在等待着我们。我们所介绍的种种方法让我们了解了雷区的部分地图。然而，我们知道这地图并不完整，还有一些未知的地雷静静地躺在地下，等待着我们。

想像你转移到一个圆筒（没有盖和底）中。这个圆筒有三层过滤。当各种事务从顶部进入圆筒时，会得到过滤。这些事务会被过滤三次。在每次过滤的过程中，都会有一些事务被过滤出去，也就是说，有一些事情你可以不必去做。当这些事务通过第三层过滤后，事务的总量已经大大减少。所以，最后，它们会落在你的肩上——因为现在你已经可以坐直，因为现在你已经不需要背负沉重的负担。现在，你已经能够对你面对的事务进行管理。

不做加班族：史上最简单时间管理术

关于作者

弗格斯·奥康奈尔是项目管理领域的国际学术权威之一。他擅长在尽可能短的时间内出色地完成项目。《周日商务邮报》对他的评论是："在他乐弓下的琴弦比斯特拉迪瓦里*提琴还要多。"他最开始就读于数理物理学专业，后来从事过信息技术、软件开发和综合管理等工作。

弗格斯把他人生中的30年用于项目管理的工作、教学、学习、撰稿和思索上。在1992年，他成立了ETP公司。这家公司现在已成为世界上最优秀的项目管理企业之一。他采用的项目管理方法——结构化项目管理/项目管理的十个步骤——已经影响了整整一代项目经理。这些项目管理方法被应用在2003年的世界特殊奥林匹克运动会上（当年最大的体育赛事）。一个由热心人士组成的团体（该团体仍在不断发展）也使用了弗格斯卓有成效的项目管理方法，以便更快地完成相关项目。他关于项目管理的经验传播到了全世界的每个角落。他曾经在欧洲、南北美洲和远东进行项目管理方法的教学。他拥有两项专利。

---

* 斯特拉迪瓦里（1644～1737）：意大利提琴制作大师。

弗格斯共出版了八本著作（包括本书），其中既有文学作品，也有学术作品：

- 《如何成功地经营高科技项目企业》（1999）
- 《如何在网络时代成功地进行项目管理》（2000）
- 《成功项目管理的秘诀：银子弹》（第3版，2001）
- 《呼唤燕子》（2002）
- 《如何出色地完成工作：并按时回家》（2005）
- 《快速项目：缺少时间与项目管理》（2007）
- 《如何完成更多：在七天中完成更多》（2007）

弗格斯的第一本书通常被人们称为《银子弹》，现在已经成为一本畅销书和经典之作。《不做加班族》也是一本畅销书，并荣获2002年度斯密斯图书奖。《呼唤燕子》在2002年度克立爱尔兰小说奖评选中通过初审，同年荣获休斯书业周日独立小说提名。他的著作被翻译成13种语言。

弗格斯曾经为《星期日商务邮报》《电脑周报》以及《华尔街日报》撰写项目管理方面的文章，并曾先后在科尔郡大学、都柏林三一学院、本特立大学、波士顿大学和迈克尔·斯默菲特研究生商学院做过项目管理的讲座，另外还在国家技术大学做过电视讲座。

他和妻子、两个孩子定居在法国。

前　言

我大部分的成年时光都是在与一些优秀的人并肩工作的过程中度过的。在学校里，在我曾经工作过的每个岗位上，在我开创自己的企业时，这些优秀的人曾经是我的同事、上级或朋友。因为我最初是从事软件开发工作的，所以在这些精英中间，有很多人在家从事这一学科的工作——一门非常复杂、精巧和准确的学科。我相信不仅我有过这种体验，越来越多的人都开始发现我们的生活正在被这些精英和他们的工作所影响。

多年以来，我越来越怀疑——我在表达方面的迟缓。然而，当时光流逝，当事实累积，我终于认识到：尽管这些精英们拥有智慧、专业能力、技术、经验和天赋，但他们中的一些（很多？）人仍然缺乏一种必要的技巧。

在本书中，我将这种技巧称为"常识"。

"常识的问题在于，"老话说，"它并不一定普及。"这恰好印证了我的体会。尽管这些精英们拥有这样那样的才能，但他们仍然犯下了不少愚蠢的错误。而问题的关键是，如果我们适当应用一些常识性的"灵丹妙药"，这些错误本不会发生。

这正是我撰写这本书的初衷。在本书中，我试着提供一些"技巧"。它们完全可以称之为常识的"技巧"。与其尝试去定义常识，我宁愿尝试找到一些更有力的方法——要是谁实践了这些"技巧"，那么他/她就"应用了常识"。

无论如何，我并不把这些"技巧"看做是绝对正确的。某些作家可能会提出不同的观点。但是，我坚信：这些"技巧"可以为你提供一整套有力的方法，从而让你每天都会遇到的难题迎刃而解——无论是在工作中，还是在家庭里。如果是在工作环境中，我相信这些"技巧"的实践将为你带来益处。

换句话说，本书并不是"通往罗马的唯一道路"，但你很可能在它里面找到解决困难的钥匙。

导　言

　　本书明确了——我认为——一些"技巧"，一些完全可以被称为常识的"技巧"。我更愿意认为本书提供了一些技巧（共有7个），要是谁实践了这些技巧中的一个或多个，那么他/她就"应用了常识"。

　　本书的结构也很简单。共分九章，其中前七章分别讨论七个技巧。第八章讨论如何在尽可能短的时间内出色地完成工作。第九章（新的一章），讨论如何在时间管理的关键领域使用常识技巧。每章的组织结构如下：

- 在一些章节中（第二、四、七章），我们提供了多项选择题，从而引导你的思路。在某种意义上，这些问题反映出你是否在以高效能的思路去思考问题。
- 其次，是有针对性地讨论特定的时间管理技巧。
- 然后，为你应用这一时间管理技巧提供一些有用的方法。
- 接着，为你提供一些应用这一特定时间管理技巧的案例。有时，案例仅是对某个特定技巧的简单应用。有时，案例中会应用多种技巧。

- 最后，本书会为你提供一些行动建议，从而便于你把这些时间管理术应用到你的日常生活之中。

我希望了解这本书是否为你提供了帮助或让你的生活发生了变化。或毫无用处！别忘了把你的"板砖"或"鲜花"（或两者之间）发送到我的电子邮箱：

fergus.oconnell@etpint.com。

最后，提一下书中的术语。在本书中，"项目"、"冒险"和"事业"三个词是可以互换的。它们都意味着你正在尝试去完成的某件事情。

1
技巧一

"电梯自我营销"法：若只给你30秒

本章明确了简明思维的优点，鼓励我们去寻求
更简单的解决方案。

本章理念 ·················

当然，我也承认生活中的事情并非都是那么简单。把一个人送上月球，比如，阿波罗13号的营救计划都是，我肯定，对工程、数理、计算机、火箭学等多种学科的极端复杂的应用。

然而，你面对的一些事情正如那句话——"这可不是航天科学。"航天科学，正如一艘航天飞机的发射、飞行和返回，需要多种科学和技术思想的复杂应用。但是我们大多数人都不是美国航空航天局的飞行主任。我们所从事的工作也绝对不像航天科学那样复杂。而太多的时候，我们都在寻求复杂的解决方案，当更简单的解决方案（a）更适用；（b）更易于找到；（c）更易于执行。

让我们看看关于复杂解决方案的两个例子。

欧盟的共同农业政策

尽管我是欧洲人，但我并不是欧盟的热心拥护者。我猜这是因为我一直倾向于"小而美"的观点。所以，当我看到越来越多的欧洲国家形成一个巨大的政治/经济实体时，我觉得那未必是一件好事。

然而，欧盟并非一无是处。它所带来的最大好处可能就是，迄今50多年里，欧洲都没有发生过战争。要是某些人一定要与我争论这种表达的法律字眼，那么——"在西欧未发生重大战事"——一定是不错的。所以，我们的确要感谢欧盟的存在——想想上个世纪这块大陆所见证的那两次浩劫吧。

> **"我们所从事的工作也绝对不像航天科学那样复杂。"**

　　尽管这么说，但欧盟的某些行为也是相当令人震惊的。其中之一就是共同农业政策，或简写为CAP。

　　就像欧盟的许多行为一样，共同农业政策的初衷是令人褒赏的。它形成于上个世纪六十年代。当时，欧洲经济共同体（EEC）的六个成员国正面临着粮食短缺，需要大量进口食品。这些成员国采取了一些价值补贴和进口关税以刺激国内粮食生产，以便降低对食品进口的依赖。在随后的岁月里，尽管食品供应变得充足，自给率得到提高，但共同农业政策并没有消失，从而造成了许多日用品的生产过剩。

　　内阁并没有降低或撤销价格补贴（正是这些补贴完全

不顾市场需求，盲目鼓励那些日用品的生产），而在迫于生产商的压力，采取新的措施以应对生产过剩。出口补贴、市场回购、把葡萄酒蒸馏成工业酒精、易腐食品的销毁……所有这些措施都为欧盟的预算增添了沉重的成本，并最终转嫁到消费者和纳税者的头上。

就像孩子一样，共同农业政策"还在成长"。它原本针对的粮食短缺问题早已消失，但这一政策却在"成长""扩展"和"变异"，从而形成了今时今日的混乱局面。

共同农业政策并不是一套简单明了的体系。当我给欧洲委员会打电话时——老天爷，我是多么天真——"要求得到共同农业政策的一份副本"。他们告诉我"大概需要装满15个文件柜"。所有都是欧洲委员会（据说"拥有"该政策的组织）所制订的这一政策的有关文件——几乎包括你能够想到的方方面面——生产效率、偏私行为、环境保护、食品安全、食品质量和食品筛选。

计算机系统的设计

我想你会同意你所遇到的大多数计算机系统的设计都相当无用。（事实上，现代技术大多如此——我想到了电视遥控器——让我们回到主题吧。）艾伦·库珀在他令人惊奇的著作《交互世界之路：世界变疯狂》中写道："大多数软件生产者都不了解如何让他们的程序易于使用（简单明了），但是他们一定知道怎样去增加这样那样的功能，而他们正是这样做的。"

我的企业进行项目管理并保证软件的实用性，比如确保微软的Microsoft Project软件可以在普通微机上运行（而不是超级计算机Cray 2）。这个软件让我的生活变得轻松了吗？并没有。Microsoft Project并不符合人们的工作习惯，让人难以使用。于是，到了最后我还是不得不依赖纸张来工作。微软公司要是想为世界做一件大好事的话，它就应该为那些软件"减减肥"，留下最实用的基本功能（简单），去完成人们的必要工作。但是不，当西雅图的软件工厂生产出一个又一个新软件时，我们看到的是越来越复杂而无用的功能被加入其中。

技巧 ··················

如果你有幸听到以色列科学家以利·高德里特的演讲，他一定会告诉你他所认为的"科学的基本信仰之一"。正如他所说："事实上并不存在复杂的系统"或"现实并不复杂"。所以，我们常识理论的第一个技巧就是：你需要规避复杂而寻求简明。以下的方法可以帮助你做到这一点。

- 寻求简单的解决方案。
- 问："如何才能最简单地完成？"
- 看看你是否能够对问题、事件、解决方案、建议进行简明的描述，应限制在25字以内。
- 或者，你可以在30秒之内完成它吗？这有时候称为"电梯故事"或"电梯自我营销"。它来自于你在电梯内遇到了某个大人物，而你需要利用电梯上升的时间把自己的想法表达清楚。
- 把你的问题、事件、解决方案、建议写下来。
- 如果你最终发现你面对一个复杂的解决方案或观点，那么你很可能走错了方向。回到起点，慎重地考虑一下，这次倾向于简单明了的方向。
- 如果你找到了一个解决方案，问自己："还有更简单的方法吗？"
- 让人们"像对待一个孩子一样"把问题说清楚。
- 提出简单的问题：谁？什么？为什么？在哪？何时？怎样？

- 要求简单的回答：当你面对高技术人员，这点尤其重要。

- 记住缩写 "KISS" ——保持简单，笨蛋（Keep it simple, stupid）。

- 学会并使用横向思维。横向思维的需要来自于人类思维的工作方式。我们的思维建立、识别和使用各种各样的思维模式，而不愿意改变这些固定的思维模式。横向思维正是要跳出刻板的思维禁锢，脱离旧有的观点而产生新的观点。横向思维包括两个基本过程：
  — 脱离
  — 激发

脱离是指在针对某个事物的现有思维模式的认识的基础上，试图去寻找完全不同的思维角度。激发是指去寻求那些完全不同的行为方式。

> "横向思维正是要跳出刻板的思维禁锢。"

- 学会像达芬奇那样去思考。在《如何像达芬奇一样思考》一书中，迈克尔·吉尔布找到了他称之为的"达芬奇在学习和教育中的基本元素"，并将其归纳为七个技巧：

— 好奇（Curiosita）——永远保持对生活的好奇
　心，虚心学习。

— 实践（Dimostrazione）——通过行为去考验知
　识，坚持不懈并从错误中汲取经验和教训。

— 悟性（Sensazione）——不断修炼自身的感受力
　（视觉、听觉、嗅觉、味觉和触觉），从而增强
　对生命的体验。

— 心态（Sfumato）——"Sfumato"在意大利语中
　的意思是"像烟一样飘逸上升"，意味着不要为
　人生的各种悖论、不确定而迷茫、烦恼。

— 艺/科（Arte/Scienze）——开发"全脑"思维，
　也就是说在艺术和科学、逻辑和幻想间寻求平衡。

— 健康（Corporalita）——古罗马诗人尤维纳利斯
　说过："健全的精神寓于健全的身体"。而这里
　所强调的是"健全的身体"，包括培养优雅的气
　质，保持健康，增强身体的平衡感和灵活性。

— 关系（Connessione）——认识到世间的事物都是
　相互联系的。（正如达芬奇所说："即便一只小
　鸟的重量，也会让地球微微颤动。"）

案例 ·················

案例1：成功地经营企业

如何成功地经营企业呢？人们说这很复杂。有很多商学院帮助人们去做到这一点。在这一领域，人们也进行着各种各样复杂的研究。而你，能够用5分钟，或一页纸，或一句话，把这个问题回答清楚吗？

你当然能，正如艾琳·夏皮罗在她的著作《商务七宗罪》中所描述的那样——她在商学院的第一节金融课上，教授走进教室，对那些梦想成为投资银行家和企业主管的学生们说："别把资金用光。"成功企业的秘诀？这就是。

案例2：市场营销

在我开办自己的企业之前，我曾经以为市场营销就是细化市场、发布产品、广告策略和开发潜在客户。而现在，我意识到它是最复杂、精确和苛刻的学科之一。而把市场营销工作做好的关键在于能够说清楚——非常简单——为什么别人要买你所销售的产品和服务。

如果你能"像对一个孩子一样"把这个问题解释得清楚

不做加班族：史上最简单时间管理术

明白，那么你就会成为一名伟大的市场营销专家。

案例3：横向思维

这是我听说的一个故事。真实性无从考证。但是，即使它是假的，也可以很好地说明我们的道理。这个故事是这样的：

一家美国大公司建立了一个新的摩天大楼，作为公司的总部。几周后，整个公司总部都搬进了新楼。这时候，一些员工开始抱怨大楼的电梯太慢。很快，这种抱怨传遍了整个公司。于是，公司找到大楼的设计师。是否能够加快电梯的速度呢？或者扩大电梯的规格？当然可以，设计师们说，但是，这需要几个月的时间用来拆除旧的电梯，扩大电梯井并重新安装新的电梯。而这会对整个公司的工作秩序造成极大的影响。

据说，这家公司并没有对电梯进行任何改造，而是在每个楼层的电梯门边上安装一面巨大的镜子。员工们在等待电梯时，既可以对着镜子整理自己的着装，又可以通过镜子打量其他人。于是，员工们的抱怨消失了。

这个故事告诉了我们什么道理？那就是一定会有简单的解决方法。

那么，你应该怎样做？ ⋯⋯⋯⋯⋯⋯

1. 寻求简单的解决方案。

2. 问："如何才能最简单地完成？"

3. 看看你是否能够对问题、事件、解决方案、建议进行简明的描述，应限制在25字以内。

4. 或者，你可以在30秒之内完成它吗？这有时候称为"电梯故事"或"电梯自我营销"。它来自于你在电梯内遇到了某个大人物，而你需要利用电梯上升的时间把自己的想法表达清楚。

5. 把你的问题、事件、解决方案、建议写下来。

6. 如果你最终发现你面对一个复杂的解决方案或观点，那么你很可能走错了方向。回到起点，慎重地考虑一下，这次倾向于简单明了的方向。

7. 如果你找到了一个解决方案，问自己："还有更简单的方法吗？"

8. 让人们"像对待一个孩子一样"把问题说清楚。

9. 提出简单的问题：谁？什么？为什么？在哪？何时？怎样？

不做加班族：史上最简单时间管理术

10. 要求简单的回答：当你面对高技术人员，这点尤其重要。

11. 记住缩写"KISS"——保持简单，笨蛋（Keep it simple, stupid）。

12. 阅读爱德华·德·博诺（Edward De Bono）的书《简单》（Simplicity）。

13. 阅读爱德华·德·博诺关于横向思维的著作。

14. 阅读《如何像达芬奇一样思考》（How To Think Like Leonardo Da Vinci）。

2 技巧二

明确目标的"白日梦"法：让目标可视化，像放电影一样发生在你的脑海中

在本章中，古老的智慧重新闪亮——如果你不知道要去哪个港口，那么你只会随波逐流。

提问 ·················

关于每个问题的答案及分数设定，请查阅书后附录。

问题1

如果某人要求你出席一个会议，因为"万一我们需要你的发言"。你会怎么做？

(a) 拒绝。要是他们不告诉你此次会议的目标，以及你为了完成这一目标所发挥的作用，那么你出席会议是没有意义的。

(b) 这取决于谁要求你去。老板的要求与同事的要求是不同的。要是老板要求你去，那么你就去，如果同事要求你去，那么你就拒绝（出于与（a）相同的原因）。

(c) 去，管他呢，这可是"占地盘"的好机会。

(d) 去，管他呢，但是带上你的文件，以便在会上做一些有用的工作。

问题2

你的公司已经与客户签订了一宗大项目。需要按时完成

项目让你感到了巨大的工作压力。那么你所要做的第一件
事是什么?

(a) 为下属分派任务,让他们开始工作。

(b) 与客户商讨完成项目的标准(以书面形式),即
(1)项目应于何时完成,(2)应达到何种标准。

(c) 肯定不会去完成(b),因为那样过于束缚你的工
作。

(d) 肯定不会去完成(b),因为你不会在大家都心
知肚明的事情上浪费时间。

问题3

你马上就要完成一个客户的订单了。这时,他打电话给
你请求"多一点",但原先商量的价格和交货时间不变。
这个"多一点"实际上是相当重大的合同调整。你刚刚来
到这家企业任职。客户告诉你,你的前任一直满足他的此
类要求。你会怎样做?

(a) 答应客户。客户就是上帝。

(b) 要求你的团队加班加点完成"多一点"的工作,
并向他们抱怨"该死的客户"。

(c) 尝试满足他的要求（按原定交货时间），并要求增加更多的资源（包括人力）。如果无法得到更多的资源，那么就与客户确定新的交货时间。

(d) 调动你的紧急储备（假定你有），去满足他的要求。

本章理念 ·················

"如果你不知道要去哪个港口，"常言道，想像一下在空荡荡的、没有污染的地中海上进行一次阳光灿烂的航行，"那么你只会随波逐流。"

这种多愁善感常被人看做陈腔老调。这句话的来源众说纷纭。据我所知，这句话究竟出自哪个圣贤之口已经无从考证。但有一点是肯定的，那就是它一定来自久远的过去。

说得平白一些，这句话的意思就是：如果你不知道你正要去做什么，你就很难把它做好。

或者，让我们回想一下刘易斯·卡罗尔在《爱丽斯漫游仙境》中所写：爱丽斯问柴郡猫："你愿意告诉我，拜托，我应该走哪条路吗？"

"这取决于你想去哪。"猫说。

"我并不关心去哪。"爱丽斯说。

"那么，走哪条路都行。"猫说。

无论是一次会议、一个报告、一天、一星期、一生、一次装修、一个抱负，等等，如果你不知道自己想在这次会议、这个报告、这一天、一星期、一生或一次装修、一个抱负中想去完成什么，你就很难把它们做好。

就像你召开一次会议，却不知道会议要达到的目的，不了解其中有益的机遇，不清楚自己真正想要得到的东西，那么你就永远无法达到这些目的，获得这些机遇，赢得你需要的资源。如果把会议换成你的一生，当你走向人生的终点，却终于发现这并不是你真正想要的一生，一切都已经太迟。

当我写下这些文字时，正值破晓。当太阳升起，新的一天开始时，在这一天里，我希望去完成什么，我准备去做些什么？不知道？好，这一天会很高兴离我而去。这当然并没什么错，只是——如果白白流逝的时间太多，那将会是我的一生。

技巧 ················

在理解你自身目标的过程中，你必须解决三个问题：

- 了解你要去做什么。
- 了解你的目标是否符合其他人的利益相求。
- 了解你的目标是否发生了改变。

我还希望讨论另一种方法，即"白日梦"法。

了解你要去做什么

一个人——你的老板，或一个客户——要求你去做一件事，于是你就急匆匆地跑去做事。这样对吗？嗯，很糟。

你真正应该做的，是在做其他任何事之前，先准确地理解他们要求你去做什么。你可以问自己7个问题：

1．我们如何判断事情的进度？

2．这件事在何时完成？

3．这件事将产生哪些实质性的工作？

4．这些结果最终应达到何种质量标准？

5．哪些事情明显与此事有关？

6．哪些事情明显与此事无关？

7．哪些人与这件事有着密切的联系？

回答这7个问题会让你更了解所要做的事情。这也常常会让你发现下一步的行动方向。

了解你的目标是否符合其他人的利益要求

一旦你弄清楚了自己要去做什么，那么你的目标是否符合其他人的利益要求呢？要弄清这一点，一个好办法是"将利益相关人的相关利益最大化"。这句话很妙，但它的真正含意是什么呢？让我们从尾部开始分析它，看看是否能进一步了解它的含意。

"利益相关人"是指你将进行的工作所能影响的所有人。在这些利益相关人中，每个利益相关人都与你的目标有着一项或多项"相关利益"。正是这些"相关利益"使这些利益相关人关注着你的行为。最后，说得简单一些，"使相关利益最大化"意味着让所有的利益相关人都能够获得最大的相关利益。你可以把"了解你准备去做什么"看做是寻求可能的行为结果，而"了解你的目标是否符合其他人的愿望"则是寻求最佳结果。

我们将在第七章再次讨论这一概念。

了解你的目标是否发生了改变

世事变迁。昨天重要的事，今天就未必重要。或者某人改变了主意。或者行业和商业气候、世界形势发生了改变。或者，适当的时机已然流逝。你需要小心这些改变，以确保你的行为——无论这一行为在过去有多么受欢迎——不会突然被某种改变所影响。

可能，要做到这一点的最好途径是去完成以上两个步骤"了解你准备去做什么"和"了解你的目标是否符合其他人的愿望"——每天如此。这样，你就增加了抓住机遇的机会。你拥有了一套预警系统（最大周期仅为24小时）。你可以提前发现某件事并不会像原来那样进展顺利。

"白日梦"法

"白日梦"法是指对未来将要发生的事情进行幻想。可能，在某些方面，白日梦是一种更形象的说法。"白日梦"法是一种卓有成效的技巧，因为它能够迫使你从不同的视角去看待你即将实施的行为。它所产生的效果生动而广泛。特别是，对你下一步的行为进行幻想可以产生以下效果：

- 它有助于从一开始就明确这一行为、项目或投资的目的；

- 它有助于更好地理解行为目的，明确行为所影响的和未影响的范围；

- 正如我们在下例中看到的，它有助于计划过程的开始——从"我们准备做什么"到"我们准备如何做"的转变；

- 当我们规划我们为之努力的前景，想像完成工作后将取得的成就，以及这一过程中的种种"风景"，那么它对于行为范围内的所有人都是一种巨大的激励。

> "'白日梦'法是指对未来将要发生的事情进行幻想。"

下面的例子有力地说明了"白日梦"法的巨大作用。以下摘录于马丁·路德·金在1963年的讲话：

朋友们，今天我要对你们说，尽管眼下困难重重，但我依然怀有一个梦。这个梦深深植根于美国梦之中。我梦想有一天，这个国家将会奋起，实现其立国信条的真谛："我们认为这些真理不言而喻：人人生而平等。"我梦想有一天，在佐治亚州的红色山冈上，昔日奴隶的儿子能够同昔日奴隶主

的儿子同席而坐，亲如手足。我梦想有一天，甚至
连密西西比州——一个非正义和压迫的热浪逼人的
荒漠之州，也会改造成为自由和公正的青青绿洲。
我梦想有一天，我的四个小女儿将生活在一个不是
以皮肤的颜色，而是以品格的优劣作为评判标准的
国家里。

案例 ··················

案例1：弄清楚你应该去做什么

让我们通过一个例子来说明上面的道理。我们假定你的
企业规模正在扩大，你需要更多的员工。于是，你决定发布
招聘广告。这看起来似乎很简单——起草一份招聘广告，发
布这份广告，然后接待应聘人员。让我们看看通过以上的方
法是否能够为这一过程增加价值或提供新的视角。

让我们首先尝试去理解我们正准备做什么。我们如何判
断工作的进度？这实际上是一个非常有趣的问题。答案并
不像看上去那么简单。我们发布了招聘广告就行了吗？或
者当我们对招聘结果进行处理后就算完成了工作？或者进
行面试代表着工作的完成？或者聘用了新的员工？或者其

他什么东西？关于工作的质量，要是我们花费了企业大量的资金去发布一份招聘广告而最终却没有应聘者，这能算是一次成功的招聘吗？我们不在乎？（反正也不是我们的钱。）如果我们现有的员工看到了这份广告，他们会在薪金/工作条件/岗位职责等方面提出新的要求吗？如果把聘用新的员工也算在我们的工作范围内，那么又牵涉到其他部门——最起码，人力资源部。我希望你看到——通过我们的几个问题，就可以发现"发布一份招聘广告"的工作并非像看起来那样简单。

现在，假设我们做出了一些决策。我们假定"发布一份招聘广告"要准确地按照这些决策进行。我们的工作只包括在特定的报纸上刊登一份招聘广告。其他工作——处理招聘结果，安排和进行面试，聘用员工——都成为一个新项目的内容。（注意，在刊登广告这部分，我们拥有完全的自主权，我们可以选择各种方案。）于是，我们得到了"这一行为结束于何时？"的答案——当广告刊登在《汉默斯特与菲里·罗登特周报》时（或其他你所选择的报纸）。

它会产生哪些实质性的工作？好，广告本身应具备报纸所要求的格式。（所以，某人必须按照报纸所要求的格式起草广告。注意，这种思考过程已经把我们从"做什么"过渡到了"如何做"。）质量要求？因为我们已经决定了这一广告的响应程度与我们的工作职责无关，所以对这一招聘广告的评价完全依据其对企业形象的展示效果。在这个基础上，我们可以确定几个评价标准，比如它应该刊登在报纸的显眼位置上，以突出企业形象；它不应该包括错印、漏印等问题。（所以应该进行检查和校对。注意，这又让我们从"什么"转换到"如何"）

最后，在员工问题上，我们决定确保广告中的任何东西都来自于企业内部的公共信息。换句话说，没有哪个内部人员会因为在广告中发现一些新东西而大惊小怪。

所以，总之，这一工作包括发布一份招聘广告，从而树立企业的良好形象，也不会让任何企业内部人员感到不安。而且，当这份广告刊登在报纸上时，就代表着这一工作的完成。

现在，让我们了解一下这个工作是否符合其他人的利益要求。首先，"其他人"包括谁？好的，让我们把他们列出来：

- 我们；
- 我们的上级领导——想像一下她打开报纸，阅读广告，然后出于某种原因而勃然大怒。我们的上级领导可能会成为其他利益相关人的代言人——包括上级的上级、股东等；

- 现有员工；
- 潜在员工；
- 我们的客户。嘿！我们一开始可没想到这些家伙。但这是事实。现有客户和潜在客户会看到这份广告，所以我们必须向他们传递某种信息。

那么，相关利益有哪些？他们肯定有一些相关利益——参见图2.1。

我认为你会同意这让我们更进一步地了解了我们将要发布的广告的性质。

最后，在后续项目（处理招聘结果、安排和进行面试、聘用人员等）期间，任何事情都可能发生改变。也许，我们会在另一份报纸上刊登广告。也许，广告中需要增加其他部门的招聘岗位。也许，招聘员工的数量会发生调整。总之，我们需要在整个项目期间留意这些变化的发生。

案例2：会议

再举一个例子来说明如何了解你要去做什么。

图2.1　利益相关人和他们的相关利益

利益相关人	相关利益
我们	• 发布的广告在公司内部反映良好，并不会让任何人感到不安。它也突出了所招聘职位的吸引力，让人们乐于应聘。
我们的上级领导	• 广告有助于树立企业的良好形象。
现有员工	• 不要让任何人不安——只使用企业内部的公共信息。 • 表明人们乐于为这家企业工作。
潜在员工	• 表明人们乐于为这家企业工作。
我们的客户	• 表明企业在不断发展、壮大，树立企业的良好形象。

　　一次次的调查表明大多数经理们认为会议是对他们时间的最大浪费。我的一个朋友每次开会前都会先确定好会议的时间（精确到分钟）。她多年坚持这一习惯。通过这样做，她可以把精力高度集中在她想在会议中所完成的事务上。她说："这让我知道什么时候这次会议已经完成了它的目标。"

　　这种"我们准备去完成什么目标"的理念可以应用在各种各样的事情上：

- 展示会/报告会;
- 拜访客户/销售电话;
- 项目进度报告——提前撰写这份报告。面对这份报告可以让你专注于项目的目标吗? 当然;
- 你的未来。

案例3: 设定目标

据我所知, "白日梦"法可能是设定目标的最好方法——无论是事业目标, 还是个人目标。这并不是一个新的概念。早在大约500年前, 里奥十世教皇就抱怨达芬奇说: "这个家伙, 唉, 永远完不成任何东西! 哪有人还没等开始, 就幻想着完成后的样子。"史蒂芬·柯维的"七个习惯"中也包括这一思想。其中的第二个习惯就是"谋定而后动"(以终为始)。而"白日梦"法正是做到这一点的好方法。

> "在白日梦中, 我们在自己的脑海中放映'小电影'。"

在某种意义上, 我们都对白日梦很熟悉。只要我们曾经做过白日梦, 我们就会被"白日梦"法所吸引。在白日梦中，我们在自己的脑海中放映"小电影"。在这部"电影"中，我们可以看到自己在做我们真正想做的事情。所以，要想确定个人的发展目标，最后的方法却是想像当特定的目标完成后，你的生活会是什么样。通过以下的问题可以帮助你自己进入白日梦（"小电影"）：

- 有一天，你终于完成了这个目标。那时，你的生活会变成什么样子？
- 你的感觉如何？
- 到那时，你的抱负/希望/梦想会是什么？
- 你的生活标准会发生改变吗？如果这是一个事业目标，你在企业中的地位会发生改变吗？
- 你会拥有你现在没有的权力/能力/其他资产吗？
- 那时，你会怎样度过你的一天？
- 那时，你的普通一天会是怎样的？你的日常事务会是怎样的？你的时间表会是怎样的？想像你的一整天生活，从早上起床到晚上睡觉。你会遇到谁？你会在哪里吃饭？你会做什么，也就是说，你怎么打发你的时间？这会让你感觉愉快吗？
- 这个目标会对其他人产生影响吗？会对谁产生影响？（从事业目标的角度去思考，可以想到上级、同事、客户、下属、团队成员、企业的其他部门。从个人目标的角度去思考，可以想到至亲至爱的人、家人、朋友、熟人等。）

- 你为什么想去完成这个目标？
- 与这个目标有关的其他人对这个目标的态度如何？是积极、消极，还是中立？
- 其他人会怎样谈论你？包括与这一目标有关或无关的人。
- 如果完成了这一目标，你期望会得到怎样的赞誉（如果有的话）？
- 你对自己的看法会发生改变吗？如果是，会怎样改变？
- 作为一个人，你会发生改变吗？如果是，会怎样改变？
- 你认为完成这一目标很困难吗？
- 有失败的可能吗？
- 如果失败了，你的感觉如何？你会怎样做？
- 在你完成这一目标后，你会做什么？
- 追求这一目标的最可能的结果是怎样的？

不做加班族：史上最简单时间管理术

案例4：寻求简单的原因

这一案例综合了我们学习过的技巧1"'电梯自我营销'法"和技巧2"'白日梦'法"。

在我们的公司里，我们常做的一项工作称为"项目救治"。几年前，一家公司要求我对一个复杂的大项目进行"救治"。无论在预算上，还是在时间上，这一项目都已经偏离了原定计划。我说这一项目巨大，是因为有12个国家同时在参与这一项目。我说这一项目复杂，是因为它的目标是开发一个非常高端的软件产品。

在我到场的第一天，项目经理为我送来6个巨大的文件夹。每个文件夹足有7厘米厚，都塞满了文件。"这些是项目背景资料，你来读读吧。"他说。为了隐藏我的惊慌，我问他是否能为我讲讲这一项目的历史。技巧2告诉我们：项目遇到困难的一个可能的原因是由于没有明确制订项目目标。可能，这个项目就是因为这个原因。如果不是那样，那么我就不得不阅读这半码厚的文件了。

正像我预想的那样，这个项目并没有设定适当而明确的目标。项目已经运转了6个月，合作各方早已应该就设计标准、要求达成共识，并启动软件的开发工作。现在，不仅这些设计标准没能达成共识，甚至还没有完全定稿。不需要进一步地分析，我们已经找到了项目"怠速"的主要原因。

还有一次，我曾经对另一个"项目救治"业务进行投标。我估计我需要5天的时间及相应的成本。在这5天里，我可以完成工作，提出解决方案，撰写一份报告，准备一些额外的资料，等等。但我并没能在这次投标中胜出。后来，我听到一家大型顾问公司赢得了这一业务，并派出一名项目顾问进行了为期两个月的工作。理论似乎告诉我们：如果复杂的项目出了问题，那么原因一定是复杂的。但我的经验从来不是这样。

那么，你应该怎样做？ ·················

1. 把你准备做的事记录在一张清单上——你的"项目"。
2. 当出现新的事务时，先使用我们在本章"技巧"一节中所讲述的方法对它们进行分析，然后再把它们记录在"项目"清单上。
3. 定期检查你的项目清单——最好每天都检查一次，最差也要每周检查一次——检查你的"项目"目标是否发生了改变。如果发生了改变，那么你需要进行"将利益相关人的相关利益最大化"的分析。

3 技巧三

构建复杂目标的优先级：详细地预测事情细节，然后用假设串联它们，找到应对它们的解决之道

本章告诉我们，要想做事，首先要讲优先级。了解了这一点，可以让你掌握计划、排序的技能，从而能够同时进行多种工作以加速项目的完成。本章也告诉我们，为什么"救火"能够成为例外，而不是常规。

本章理念 ·················

几年前，我的两个熟人决定带孩子去巴黎的迪斯尼乐园玩。他们向我解释他们的游览计划。他们会在周五晚上乘飞机抵达巴黎。周六早上，吃完早饭后，他们将从巴黎市中心出发，驱车前往迪斯尼乐园，并在那待上一整天，参观所有好的景点，然后返回，让孩子上床睡觉，交给保姆照看。接着，他们两人准备洗个澡，吹干，穿上漂亮衣裳，到旅馆外面进行一次惬意的晚餐。

我马上的反应是："那一天可够长的。"我猜正因为我是一名项目经理，所以当我听到他们的计划，我的反应是——似乎那个周六没有尽头，直到他们玩得尽兴为止。我在脑海里把所有这些事情串在一起，发现他们的旅程将会可怕的忙碌。当我把它写在纸上，我的怀疑被证实了。以上是他们的旅程计划——最好的情况。

离开旅馆	9:00	如果带着孩子，那么能在9点出门就不错了。
巴黎—迪斯尼乐园	9:00-11:00	
在迪斯尼乐园度过一天	11:00-19:00	最少也要玩上8小时。
迪斯尼乐园—巴黎	19:00-21:00	

孩子上床睡觉	21:00-23:00	你不可能一回来，就把孩子们推上床。
洗澡、吹干	23:00-24:00	要想舒舒服服地洗个澡，至少要1个小时。
盛装打扮	24:00-01:00	现在已经是周日了。
寻找/到达餐馆	01:00-01:30	我们假定午夜时分还有一家餐馆营业。嘿！那是在巴黎，一定会有的。
惬意的晚餐	01:30-04:30	大约3个小时。这对就餐者原准备在午夜前结束一天的旅程的。惬意？我猜他们这时准会昏昏欲睡。这个故事不是为了显示谁有多么愚蠢。

这个故事告诉我们复杂目标总需要有个优先级。但许多人要么没有意识到这一点，要么似乎不了解构建复杂目标优先级的意义所在。

出于一些原因——我认为这归功于我的父亲——我非常准时，并且对时间保持着传统的观念。要是我告诉某人我们会在3点见面，我一定会在3点前到达见面地点。如果到了3点对方还没有出现，我很快就假设对方出了什么问题。我用了很长时间才意识到，在这方面很少有人与我一样。而不同在于，我已经开始相信，很少有人考虑事件的优先级。

某人答应与你在一个特定的时间见面。一般来说，以我的经验，他们不会考虑其他约会（或类似的事情）超过预定的时间，穿过闹市区的时间，寻找一个不熟悉的地点的时间，寻找一个停车位的时间。而所有这些事都会让你们之间的约会完全泡汤。我曾经在一家这样的企业中工作过：有人走进会场，那是在周三，问："这是周一的市场营销会议吗？"真是让我的"复杂目标优先级"理论发疯。

> **"很简单，不讲优先级的话，我们会一事无成。"**

为什么事情的顺序会这样重要呢？其无可辩驳的原因是，很简单，不讲优先级的话，我们会一事无成。比如说，你准备购买一套房子，房地产中介给你打电话说："房主答应了你的出价——看起来这次买卖谈成了。""很好。"你说。"是呀，真不赖。"他说，然后挂线了。这时，如果这些就是全部，那么这件事不会成功。因为房地产中介在等待你采取下一步行动，而你则认为他应该是下一步的行动者，于是形成了一场僵局。如果，然而，你问："下一步怎么办？"或者他主动说："那么，现在我们必须要这么做……"于是，这就是你与他之间起立事件优先级的契机。

可能，当你购买一套房子（或其他重要的人生事件）的时候，你永远都不会让这种错误发生。但是，在你参加会议时，有多少次发生了下面的情景？在会议上，大家的思维都很活跃，一致认为问题需要加以解决，并决定了解决问题的方案。然后，我们都拿起文件走出会议室。嘿！猜猜然后会怎样？然后什么也没发生。这是因为会议上并没有确定工作的优先级。或者更糟，因为没有人对工作方案进行总结（最好是以书面形式进行总结），每个人都会形成自己的工作优先级。

艾琳·夏皮罗在她的著作《商务七宗罪》中谈到企业遇到困难的原因。其中第一宗"罪"就是：太多的企业雄心勃勃地确定了企业的发展目标/远景规划，但很少注意如何去完成这些发展目标/远景规划。她所指出的，正是我们所讨论的理念——如果工作缺乏适当的优先级，那么必将一事无成。

另一种不同的思考方式是：复杂目标的优先级是帮助我们预测未来的最好方法。一种表达事件的顺序的复杂方法被称之为"计划"。或者，更准确一点说，复杂目标的优先级是计划的基础。因此，构建良好的复杂目标的优先级是良好的计划的基础。一些巨大的事件（比如，诺曼底登陆）是如何计划的呢？正是许许多多的人构建了庞大、复杂而相互联系的事件优先级。

如果我们知道我们要去做什么（第二章），并能够为其构建适当的优先级，那么我们就拥有了成功做事的基础。而下一个问题是，我们如何去为事件进行排序呢？我们找到了七种方法：

1．在我们的脑海中规划过程。

2．尽可能地保证细节。

3．运用信息和假设。

4．数清墙上的砖头。

5．总会有另一条路。

6．记录实际发生的事情。

7．寻求联系。

我们将在下一节讨论这些方法。

技巧 ·················

在我们的脑海中规划过程

当人们计划诺曼底登陆时，没有人说（也许有人说过，但我们认为他们一定是很快被说服了）："让我们只派5个师过去，看看会发生什么。"相反，他们会完整地考虑计划的每一个环节，从他们当前所处的形势到最终所确定的目标。他们想像/规划/构思/写下他们将经历的每一个事件。每个事件的原因和效果。每个事件/工作将如何引起下一个事件/工作，直到最终。他们把这些事件联系起来，形成完整的链条。（我经常在本书中使用"工作"这一词汇，因为（a）便于理解，（b）带有职业道德的健康意义。）

尽可能地保证细节

下一个要记住的重点是保证对事件优先级的描述的细节程度。诺曼底登陆的计划者不会只是说：

1. 启动。

2. 集结5个师。

3. 用船把他们运到诺曼底。

4. 登陆。

　　　　　　　不做加班族：史上最简单时间管理术

5．结束。

尽管把计划进行最精炼的表达正是上面这个样子，但是如果要想让计划具有实用价值，就要尽可能保证细节。俗话说："魔鬼出自于细节。"这句话多么精辟。只有当我们能够对细节进行审查，我们才能想像出（"在脑海中规划过程"）所发生的各个事件，以及每个事件如何与下一个事件进行因果衔接，从而找到潜在的困难和障碍。就我的经验来说，对于我们现在所遇到的大多数情况，每个工作岗位制订好未来1-5个工作日的详细计划是你应该追求的目标。

运用信息和假设

当然，你可以争辩说："但是，我不可能预知所有的事件，我也不可能预知所有的细节。"这绝对是正确的。所以规则很简单。在你拥有准确的信息时，就可以凭借这些信息进行准确的判断，而在你缺乏准确的信息时（在你规划过程中），你会遇到一些东西，却无法肯定接下来会发生什么，那么就进行一些假设吧。比如，在诺曼底登陆时，盟军如何知道他们会在奥马哈海滩上遇到多少敌人呢？答案是，他们并不知道——真的。但是他们通过情报网收集了大量的信息。并辅以合理的假设。这些假设让他们能够把各个事件按优先级连接起来。

数清墙上的砖头

别忘了有些事情可能不仅仅只会发生一次。比如，你可能要参与一个需要在多个分公司推广的项目。在这种情况下，只要你能明确复杂目标的优先级，你就一定可以把它"复制"到另一个场合中去。这一方法是指要了解一共必须去做多少"工作"。

总会有另一条路

俗话说："条条大路通罗马。"这种方法是指不仅仅有一种可能的事件优先级。一旦你明确了要去做什么（技巧2，"白日梦"法），你就可以找到无数种方法去实现目标。根据技巧1——"电梯自我营销"法，我们总是寻求更简单的方法去完成目标。但这一方法也是指在做事时要有决心，从不放弃去寻找实现目标的道路。

在这方面，头脑风暴*是一种非常有效的方法。首先，

---

* 头脑风暴法（Brain Storming，BS法）又称智力激励法、或自由思考法（畅谈法，畅谈会，集思法），现在成为无限制的自由联想和讨论的代名词，其目的在于产生新观念或激发创新设想。

尽可能多地提出解决特定问题的办法。在这一阶段，任何想法都是允许的，无论是可行或不可行的，疯狂还是理性的，代价高昂或免费的，现实或荒诞的，文明或粗鲁的，都可以。把它们都写在一张幻灯挂图上。然后，再次检查这些方法，根据你所确定的某种标准进行筛选。

记录实际发生的事情

以上的方法都假定你是从"一张白纸"开始的。这种情况常常发生，你所做的事情是之前从未发生过的，你正大踏步地走向未知之地。然而，在更多的情况下，我认为，我们所做的事情都是之前被其他人完成过的。（比如，诺曼底登陆，就吸取了两年前迪耶普突袭的惨痛教训）。所以，我们可以借助其他人的经验去构建事件优先级——我们的团队、同事或其他人可能掌握宝贵的经验。

即使不是这样，你也不应该放弃迅速建立自己的信息银行。图3.1正是做到这一点的方式之一。

最左面的一列中，用于记录你的项目中的各个阶段或工作内容，比如"征集要求"、"设计"、"计划"等等。接着有三列用于记录（a）你所计划的内容，（b）实际发生的内容，（c）两者之间的差距。你可以在第四列记录下：

图3.1　一份项目信息表

阶段	计划		实际		差距	
	用时 ％ （天）	工作量 ％ （工作日）	用时 ％ （天）	工作量 ％ （工作日）	用时 ％ （天）	工作量 ％ （工作日）
合计						

- 特定阶段的用时（计划的、实际的和两者之间的差距）。

- 特定阶段的用时占项目总用时长的百分比（当项目结束后，你掌握了项目的总用时后，才能计算该项）。同样包括计划的、实际的和两者之间的差距。

- 特定阶段的工作量（计划的、实际的和两者之间的差距）。

- 特定阶段的工作量占项目总工作量的百分比（同样，只有当项目结束后，你掌握了项目的总用时后，才能计算该。它也包括计划的、实际的和两者之间的差距）。

图3.2是完成该表的一个例子。

图3.2　一份已完成的项目信息表

阶段	计划				实际				差距			
	用时(天)	%	工作量(工作日)	%	用时(天)	%	工作量(工作日)	%	用时(天)	%	工作量(工作日)	%
研究设计要求	40	26	27	4	15	14	34	6	−25	−63	7	26
设计（原型阶段）	14	9	22	4	15	14	33	6	1	7	11	50
撰写程序代码	32	21	184	30	53	48	164	30	21	66	−20	−11
系统测试（4）	60	39	115	19	47	43	159	29	−13	−22	4	38
技术编写	84	55	99	16	88	80	88	16	4	5	−11	−11
意外事件	14	9	103	17	0	0	0	0	−14	−100	−103	−100
项目管理	140	91	46	8	110	100	55	10	−30	−21	9	20
合计	(1)	(1)	596	98	(1)	(1)	533	96	−63		−63	

(1) 填写这些项目并不一定有意义，因为在项目中有一些阶段是相互重叠的。
(2) 为项目总计划用时（即154天）的百分比。
(3) 为项目总计划工作量（即610工作日）的百分比。
(4) 计划的阶段用时中包括编写测试程序和运行测试程序的时间。工作量中包括对程序错误的修正。
(5) 为项目总实际用时（即110天）的百分比。
(6) 为项目总实际工作量（即554工作日）的百分比。

技巧三：构建复杂目标的优先级

通过这种方法所获得的材料是无比珍贵的。（即使你还处于数据采集阶段，或者只完成过一个项目，这些材料仍然是宝贵的）当你下一次对某件事进行计划时（即使两个项目之间的联系不大），你会发现你可以利用"数据银行"中的信息去更好地制订计划。此外，如果你需要检查其他人的计划，你也可以把他们的计划与你在"数据银行"中的信息进行对比。这几乎总能帮助你得出正确的结论。

寻求联系

在世界上众多思想家中，达芬奇是唯一观察并认识到事物之间的相互联系的人。他在自己的著作中一次次地强调这一观点。以下只是其中的一个例子："万物皆为整体世界之一份子，以弥补自身之不足。"在为事件排序时，你可以使用的最有效的方法之一就是寻求事件之间的联系。这些联系可以让你一次性处理多个事件，也可以将两个事件融合在一起，从而加速整个序列的进行。

以上是我们构建事件优先级的七种方法。值得一提的是有许多人并不愿意花费时间和精力去为事件进行排序。他们要么感到这过于繁琐（实际并不是），要么觉得自己做不到（他们能），要么觉得不值得花费时间和精力（这种想法也不对）。对于这些人，"救火"就成了家常便饭。

> **"有时，当意外事件真的发生时，人们就需要'救火'。"**

"救火"是指当一些意外的事件发生时，必须花费精力和时间（有时需要巨大的精力和时间）去解决这些事件。不要误会我的意思。有时，当意外事件发生时，人们的确需要进行"救火"。但如果人们能够不怕麻烦，注重对事件的排序，那么很多"救火"事件实际上都不会发生。

最后，如果你正从事着项目管理的工作，那么你会发现本章所论述的"事件优先级"与项目管理中的"工作分解结构"（WBS）十分类似。

案例 ·················

案例1：估算和预测工作

可能在你的岗位上，你必须要做的工作之一就是那种刺激而残酷的项目——估算。我把它称之为一种残酷的工作，因为在估算时，你必须对未来进行预测。然后，你的职业生活的成功和发展，都取决于这些预测是否准确。过去，我曾经从事估算技巧的教学工作。在课堂上，我常常一手拿着项目时间表（基于估算而制订的表格），另一手拿着彩票，问学生们："它们有什么相似之处。"一些学生会小声嘀咕："要是我中了大奖，才不会去做那些愚蠢的表格呢。"彩票与项目时间表的相似之处就在于它们都是对于未来的预测。我们大都认为我们所做出的估算的实际发生几率要大于彩票，但我的确看过预估，其中的资金还不如投在彩票上。

我们在上一节中所介绍的七种方法可以帮助你进行准确而富于弹性的预测。一般情况下，在预测时，人们往往关注三件事：

- 某件事会花费多长时间？（持续时间或用时）
- 某件事将需要多少工作量？
- 某件事的成本将是多少？（其预算如何）

再次需要强调的是：工作量和工作时间并不是相同的概念。工作时间是指某事将花费多长时间，而工作量是指为了完成特定的工作而需要进行多少工作。比如，有一个1小时的会议，有6个人参加，那么这个会议的工作时间为1小时，而工作量为6工作小时。就我的经验来说，对于这两个概念的混淆是许多人在工作中犯错误的根本原因。想像一下，比如，你的老板走进你的办公室，把一份报告扔在你的桌子上，问："处理这件事要用多长时间。"你看了看报告，想了一下，然后回答说："噢，大约一个小时。"你所说的是阅读报告所需要的工作量，而老板则认为你所说的是工作时间。你发现你正走向一个错误吗？你的老板认为你会在一个小时后上交你的意见书。而处理你所积压的工作，你知道，像处理300份电子邮件等等！要等上一周以后，你才有时间阅读他的这份报告。

我曾经见过五花八门的预测方法，有科学的，也有伪科学的。巴里·勃姆撰写的《软件工程经济学》提出了一种全面的预测方法（如果你是一名IT人）。但是，就我的经验来说，没有哪种方法能与下面所介绍的方法相比——既定义了预测的过程，也定义了预测的结果。它摘自艾伯特和伊罗特的著作《我的优柔寡断——我的结局》。在这本书中，他们描述了理查德·阿顿波罗爵士在拍摄电影《甘地》之前的准备工作。

他（阿顿波罗）不得不利用印度的凉爽季节进行电影的拍摄工作——开始于10月，而结束于第二年的4月或5月。（夏天真是太热了，剧组无法在华氏110度的高温中工作）。但是，要想在10月份开始工作，他必须从现在就着手准备——提前6个月：聘用摄像和剧组，构建场景，制作服装，获取在印度拍摄所需要的所有批文，运输装备，等等。如果在国内拍摄，这些准备工作是很简单的，而是国外拍摄，这些工作就变得异常复杂。举个简单的例子，如果你的剧组包括125个人，那么你必须预订宾馆房间并支付房款，至少要交一部分定金，相当提前。这意味着，在4-6个月的拍摄过程中，你必须准确地知道每一天、每一个人会住在哪里。

所以，要是你负责预测和估算工作，这就是你必须做的工作。使用我们以上介绍的各种方法，预测出每个人在每一天中所进行的工作。（在第四章，我们将介绍一种称为"条形板"的方法。这种方法多用于制片业的预测与估算工作）然后，预测工作就变得如此简单：

- 多长时间？
- 多少工作？
- 多少钱？

不做加班族：史上最简单时间管理术

图3.3为我们提供了一个预测和运用假设的例子（包括"备注"栏）。

根据图3.3所提供的信息，我们可以计算出整个项目所需时间——只要我们了解每个员工的工作情况。此外，如果我们了解了工时率，我们就可以计算出项目的成本。在下一章中（图4.7），我们将讨论另一种预测的方法。请注意，在本章的开头，也有一个关于预测的例子——当我们计划去巴黎迪尼斯乐园游玩时，实际上也考虑了所有的预测因素——工作、持续时间、假设、谁做什么、工作量等等。

案例2：会议

假设，比如，你将去参加一次会议。你将被会议中所出现的突然情况所左右？还是能做得更好一些？当然你会做得更好一些。作为会议的发起人，你可以决定自己要在会议中获取何种成果（技巧2），然后你可以确定获取这种成果的方法（技巧3）。

让我们假设你将与一个客户进行这次会议，议题很困难——重建双方的合作关系。之前尽管没有发生过任何灾难性的错误，但由于一些事情没有得到适当的处理，双方

図3.3 预测工作和运用假设

序号	工作名称	工作量	前导工作	备注
1	本项目	44工作日		
2	1.1启动	0工作日		
3	1.2项目计划及工作范围会议	9工作日	2	9人1天内完成。
4	1.3制订生产要求	27工作日	3	
5	1.3.1研究用户要求	7工作日		
6	1.3.1.1收集用户竞争对手的信息	0.5工作日		查理负责此项工作。
7	1.3.1.2市场回顾	2工作日	6	假定3个营销人员和查理（半天），每人为2工作日的工作量。
8	1.3.1.3确定用户群	0.5工作日	7	营销人员一据估计。
9	1.3.1.4准备用户调查问卷	2工作日	8	查理说他将负责此项工作，占用他几天时间。
10	1.3.1.5分发调查问卷	0.5工作日	9	一名行政人员。此项估计是因为0.5工作日是最小估计单位。
11	1.3.1.6回收调查问卷	0.5工作日	10之后1周	尽管工作只需要半天完成。但倡要5天的等待时间。
12	1.3.1.7分析信息	1工作日	11	查理和一名营销人员各为0.5工作量。
13	1.3.2撰写生产要求	9工作日	12	查理负责。由于生产要求按照公司标准的9节，每天撰写1节，所以需要9天时间。
14	1.3.3审核周期	10.5工作日	13	

序号	工作名称	工作量	前导工作	备注
15	1.3.3.3.1循回审核	0.5工作日		行政人员——基于与"分发调查问卷"相同的假设。
16	1.3.3.3.2个人审核	2.5工作日	15	5名审核人员，每人半天工作量。
17	1.3.3.3审核会议	3工作日	16	查理和5名审核人员，每人半天工作量。
18	1.3.3.3.4修改生产要求	2.5工作日	17	查理负责——根据他的估计。
19	1.3.3.3.5再次循回审核	0.5工作日	18	同"循回审核"。
20	1.3.3.3.6第二次审核	1.5工作日	19	5名审核人员，每人1—2个小时的工作量，尝试尽快完成此工作，因此为每名审核人员确定一个上交意见书的最终期限。
21	1.3.4签字，结束审核	0.5工作日	14	假定不会发生实质性的变化。由行政人员负责此工作。
22	1.3.5确定生产要求	0工作日	21	
23	1.4确定系统/鉴收测试	8工作日	4	
24	1.4.1研究	5工作日		
25	1.4.2构建导航测试	3工作日	24	
26	1.4.2.1定义测试序列	1工作日		
27	1.4.2.2构建测试脚本	1工作日	26	
28	1.4.2.3定义测试的预期结果	1工作日	27	
29	1.4构建功能测试	0工作日	25	

技巧三：构建复杂目标的优先级

所形成的错误印象没有得到及时的纠正，从而最终形成了恶劣的关系状态。

所以，一开始就要问自己："我们要在这次会议中得到什么呢？"一个订单？当然不是。即使由于命运的某种古怪安排，他们为你提供了一个订单，你也几乎（我是说"几乎"）应该拒绝它。你今天的重点是重建双方的友好关系。"罗马并不是一天建成的。"所以，你决定今天能够达到的最好结果是给予对方一个良好的印象。你想他们知道，在会议的总结阶段，你想在未来与他们做生意，并能够为他们的事业贡献价值。但你不想让会议变成一场推销活动。

让我们假设你的公司共有两个人参与这次会议——你，因为你已经接手了这一工作，以及你的老板。你已经要求召开这次会议。对方只给你20分钟的时间。（细节并不重要，只是一个例子，重要的是你要如何明确在会议中需要得到什么结果，或不需要得到什么结果）接着是确定复杂目标的优先级。你提前与你的老板讨论了这个问题，并确定了如下的计划：

1. 你的老板将说开场白。他将感谢对方能够挤出时间来参加这次会议，解释此次会议的目的是重建过去被双方忽视的友好关系。他会解释如何认为你的公司仍可以成为对方重要的供货商，为对方的事业提供价值。然后，他会停下来，给对方发言的机会。

2. 你假定对方会抓住这次机遇，这将是会议中的重头戏。

3. 你认为，你会针对对方的发言进一步表达己方的观点，而不是用借口去逃避责任（哪怕对方的话语中有一些问题，也不需要去更正对方）。你可以偶尔地告诉他们：你已经采取相关的措施和步骤去解决他们所提出的问题。你的老板将引导会议的讨论方向，而你要注意记录。

4. 你决定，前三项活动大约占用15分钟的时间，你会利用最后5分钟进行总结，而不超过对方给你们的20分钟时间。

5. 因为每个会议都应该做出采取某种行动的决定，以保证事件的链条不会断裂——你可以提醒对方，你的企业会参与对方的下一次竞标活动（己方的行动），或者告诉对方下次要找一个好的供应商时，可不要忘了你（对方的行动）。

6. 最后，你会感谢对方给予你的这次机会，提醒对方你能够提供的价值，重申你希望让双方的不愉快成为过去，让双方走向更好的将来。然后，你将告辞，离开。

对于你的目标，这一计划将帮助你实现它。如果在实施的过程中出现了巨大的困难，那么很可能你除了祈祷自己的尊严不会受到侮辱之外，再也无法做得更好。

再次重申，在这个阶段，更重要的是对两个技巧的应用（而不是细节）——弄清楚你要去做什么，然后确定实现这一目标的事件优先级。

案例3：处理大量工作／优先排序

如果你正尝试完成大量的工作，而并没有为每项工作构建适当的优先级，那么你很可能会"顾头不顾尾"，永远无法确定（a）你是否取得了进展；（b）你是否在正确的方向取得了进展。

一旦你为每项工作确定了正确的优先级，那么一切都不同了。每个工作优先级都会形成一条链条。当你完成链条中的第一环工作时，你就在特定的工作中取得了进展。如果你完成了每个链条中的第一环，那么你就在工作的各个方面都取得了进展。更有用的是，当新的工作出现时，你可以把它们与你正从事的工作链条进行对比，看看它们是否与现有的工作链条有关。如果无关，你可以把它们放在一边。（所以，处理收件箱的最好办法是：筛选出其中需要直接处理的邮件——也就是与你的工作链条直接相关的邮件。而对于其他邮件，则可以每周/每两周/每月清理一次。我个人认为，这个时间间隔越大越好。）

如果，除了以上这些，你还擅长于根据工作的重要等级进行优先排序，那么你可以进一步限制你所处理的工作数量（也包括你所处理的工作链条的数量），将其限制到能够产生最大工作进展的最小工作量。（根据80/20技巧——20%的工作决定了80%的工作进展）要学会并擅长于这种排序方法，只需要像下面这样做：看你手上所有的工作，问自己："如果我只能做一件事，那会是哪件事呢？"回答这个问题后，再对着剩下的工作项目问同样的问题。重复这个做法，直到所有的工作按重要等级排好了优先级。试着确保两个工作项目不会拥有同样的优先等级，因为这样无法进行真正的优先排序，不是吗？

最后，正如我们在"技巧"一节中所指出的，为你准备做的每件事进行排序意味着你能够明确每件事之间的相互联系。如果在A工作链条中的某项工作对B工作链条中的工作也有推进作用，那么你应该把它放在工作优先级中的顶端，从而先把它做好。反之，如果A工作链条中的某项工作对B工作链条有负面作用，那么在做这些工作之前，你就要好好地考虑一下了。

案例4：加速工作的进行

为你准备做的每件事排好优先级意味着你可以加速工作的进行。你知道这是怎样的。我们要去做一些工作。这其中不可避免地包括其他人。我们完成了我们的部分，把工作移交给他们，然后我们将不得不陷入某种形式的等待状态。

但是，如果我们了解了工作的优先级，我们能够进一步了解以后的工作，而不是仅仅关注工作链条的第一环。我们就可以利用等待时间去处理其他工作，获取进展。这还有一种"副作用"，那就是为其他人施加压力，让他们更快地完成手中的工作。

案例5：与专家打交道

医生、律师和软件工程师很可能是最糟的员工，但有很多人从事这些行业。你知道我的意思——那些人似乎无所

　　　　　　不做加班族：史上最简单时间管理术

不知的傲慢态度，仿佛在说——只要把事情留给他们做就好了。他们对你说话时，满嘴的专业术语（常常带着轻蔑的口气），从而让你哑口无言。如果这不起作用，你真的向他们提出了问题，他们就会继续发出由专业术语组成的"攻击波"，直到把你吓退。几乎总是这样——特别与医生、律师或软件工程师打交道时，就像这样——"它的时间就像它的时间那么长。别问为什么——它就是这样。"

事实是：医师、律师和软件工程师——事实上，所有的专家——都要遵循"复杂目标优先级"这一规律，就像其他人一样。面对这样的医生，把你的健康甚至你的健康交给他们是不明智的。面对这样的律师，你的财务状况往往成了任人宰割的鱼肉。在当今社会，我们中许多人也不得不与软件工程师打交道。如果你负责管理这样的专家——如果你聘用了这样的医生、律师或软件工程师——那么在所有的工作中，你的责任是让他们能够明确而清楚地告诉你他们的事件优先级。

此外，你有能力弄清楚这些专家的事件优先级。尤其当你面对律师或软件工程师时，更是如此。接下来会发生什么？你刚才的话是什么意思？你能把它用更简单的方式表达出来吗？谁在做什么？这项工作为什么要花费这么长的时间？（"它就是这样"可不是一个好的答案。）为什么不能更好地完成这项工作？困难在哪里？用简单的语言向我解释一下谁正在做什么。你期待我去做什么？坚持向他们提问，直到在你的脑海里有了一个完全明确的答案。不要害怕向这些专家提出你的建议或为他们的计划（即事件优先级）做出改进。一旦他们了解了这场游戏的规则，他们就会为你和你的企业做出更大的贡献。

案例6：解决问题

我们可以使用我们已经看到的三个技巧去形成一种解决问题的方法。我们需要知道的第一件事是——根据技巧2："白日梦"法——知道真正的问题是什么。有时，表面的问题并不是真正的问题。有时，人们通过提出一个解决方案来表达一个问题。有时，即使问题得到了适当的表达，我们也可以通过"退一步"并了解更大的场景，从而更充分地解决问题。"了解你要去做什么"这一技巧让你能够更清楚地表达问题。

在明确了问题的本质之后，我们需要找到解决问题的理想方案。在各种方案中，你需要对各种解决方案进行衡量。而"了解你的目标是否符合其他人的利益要求"（第二章）可以让你弄清楚你的解决方案是否能够最好地满足各个利益相关人的利益需求。

我们了解了我们需要加以解决的问题，我们也了解了理想的解决方案应该达到的标准。那么，让我们明确一系列可行的解决方案。技巧3（构建复杂目标的优先级）能够帮助我们做到这一点。特别是"总会有另一条路"这一方法让我们可以找到解决方案的另一种方法。

最后，既然我们已经了解了理想的解决方案应该达到的标准，我们就可以从一系列可行的解决方案中选出最理想的解决方案。

案例7：根治空谈

你经历过那种毫无意义的空谈吗？我肯定你知道我说的是什么。你和一个同事（或几个同事）进行了一场讨论，并对某件事达成了完全的共识。"某人的确应该去做某事"看起来似乎是不必挑明的潜台词。然而，当讨论结束时，大家各走各路，任何有意义的事情都没有发生。（实际上，根据我的经验，整个会议往往会陷入这种形式。）

了解了"构建复杂目标的优先级"之后，我们可以阻止这种空谈的发生。如果大家对某件事达成了共识，那么为了产生实质性的成果，大家必须也对相应的"事件优先级"达成共识。指出这一点，并把一两项工作列入日程（即让员工行动起来），以确保讨论中所产生的任何好想法都能够被付诸实施，而不是被忘记。

那么，你应该怎样做？ ·················

1. 把你要做的事情列在一张清单上。
2. 定期更新这张清单——每天、每周，任何与你相关的工作。
3. 当出现新的工作（或其他事情）时，运用技巧2去理解它们。然后，运用本章"方法"一节中所介绍的方法去构建事件优先级。让事件按优先等级和相互联系形成链条，并按本章中所介绍的方法去运用这一链条。
4. 在会议、电话（或其他事情）后，坚持列出行动清单。
5. 运用头脑风暴法去产生新的方案，并形成事件优先级。
6. 在做面包的同时，做其他事情。"制作面包"是运用事件优先级的经典案例。"在做面包的同时，做其他事情"是练习同时进行多种工作的好办法（即对于事件优先级的管理）。

7. 坚持为会议、工作日或项目（或其他事情）做好计划
   （即事件优先级）。这会让事情进行得更加顺利。下一
   节——"小计划好于大麻烦"——总结了构建计划的
   "常识性"方法。在第四章的结尾将会有相应的一节总
   结了执行计划的"常识性"方法。

小计划好于大麻烦

　　本节和第四章结尾处的对应一节都把本书中的许多理
念综合在一起。这两节将让你了解以"常识性"的方法去
制订和执行项目计划的方方面面，并且将工作量压缩至最
小。这两节提供了一种由十个步骤组成的方法。前五个步
骤是介绍如何制订项目计划，而后五个步骤是介绍如何执
行项目计划。每个步骤的重要性并不相同，所以我们为每
个步骤制订了相应的权重。权重的总分为100。在项目周期
中的任何一个时间点，你都可以根据百分制为你的项目打
分。这一分数被我们称为"成功的概率指标"（PSI）。它
能够告诉你项目的成功概率有多大。低的分数将指出你的
项目中的弱点，也就是那些为了保证项目的成功而需要加

强的部分。这十个步骤（及权重）如图3.4。

图3.4

权重	步骤
制订项目计划	
20	1．确定项目的目标
20	2．制订工作清单
10	3．项目必须拥有一名领导者
10	4．找到能干的员工
10	5．(a) 为项目制订容错机制
	(b) 管理人们的预期
执行项目计划	
10	6．运用适当的领导风格
10	7．了解项目的运转情况
10	8．让人们了解项目的进展
0	9．重复项目1-8，直到项目结束
0	10．对项目进行回顾总结

下面将介绍制订项目计划的5个步骤。在第四章结尾处将介绍执行项目计划的5个步骤。每个步骤将使用一个小节来介绍。在每个小节中，我们将先介绍步骤的内容，以及步骤中蕴含的理念，然后告诉你如何去执行这一步骤。

1 确定项目的目标 ·················

1.1 理念

　　项目失败的最大原因之一就是它们从一开始就失去了成功的可能。有一点很重要，那就是当把一个项目交给你的时候，你也得到了相应的限制。这些限制包括三种形式：

- 时间——项目必须在特定的时间前完成。
- 资金——项目必须在特定的预算内完成。
- （人力）资源——项目必须由特定的人群来完成。

　　如果你同时既要制订一个可行的项目计划，又要考虑这些限制条件。那么你会发现自己面对很多困难。所以，我们分别来应对这两件事：我们首先通过第1-4和5（a）步骤来制订项目计划（假定我们没有限制条件），而在第5（b）步骤考虑限制条件。

　　要确定你的项目目标，你需要考虑三件事：

1. 你必须围绕你的项目画出一条"界线"，然后说："这条界线之内的东西是我的项目，而界线之外的不是。"

2. 在整个项目周期内，对于这条"界线"的调整会随时出现。如果一个项目出现了调整，你只能够做三件事：

- 这是一个"变更控制事件"（一项巨大的调整）。对于原定项目范围的变更、对于原定项目资源的变更，相关假设失败都构成了变更控制事件。
- 使用备用资源。
- 工作更长时间。

3. 你必须确定适当的"界线"，也就是尽可能保证项目的所有利益相关人的相关利益。

1.2 如何去做

1. 确定项目的限制条件，把它们暂时放在一边。

2. 回答问题："我们如何判断项目的完成程度？""项目完成的标志是什么？""代表项目结论的最终事件是什么？"，这些问题的答案将告诉你项目的目标。

3. 把所有的利益相关人列在清单上。为每个利益相关人写下相应的"利益要求"，即他们如何把你的项目看做为一个成功的项目。（如果你拿不准的话，问他们。）

4. 当你完成这几个工作后，进入第2个步骤。

不做加班族：史上最简单时间管理术

2 制订工作清单 ··················

2.1 理念

这是在项目管理中最容易出现问题的环节。困难在于你必须对未来做出预测。而任何人对于未来的预测都无法达到100%的准确性。在这里，你能够期待的最好结果就是你预测中的错误尽可能的小。

你可以做两件事。第一件事是记录下之前项目的实际发生情况——特定的工作任务花费了多长时间，其中包括多少工作量，需要多少成本——并在制订你的项目计划的过程中运用这些信息。（在第7和10步骤时，我们仍会讨论这些理念。）

第二件事是尽可能详细地制订项目计划。通过把工作量分解成更小、更详细的部分，你可以减少错过重要项目元素的几率。

另一个重点是你要弄清楚工作时间和工作量之间的区别。

- 工作时间，指完成特定的工作任务所需要的时间。它一般使用时间单位——小时、天、月等等。比如，一场足球比赛的工作时间为90分钟。

- 工作量，是完成特定的工作任务所需要的工作数量。它的衡量单位一般为工作时、工作日、工作年度等等。一场足球比赛共有两支足球队（各11名球员）、1名主裁判、2名巡边员和1个第4裁判参与，所以它的工作量为90分钟乘以26，即39工作时。

这是两个很重要的概念。因为工作时间让我们能够计算出整个项目（或部分项目）将花费多少时间。而工作量让我们能够计算出整个项目（或部分项目）的成本是多少。

2.2 如何去做

1. 让执行项目的员工们参与到制订项目工作清单的过程中。如果他们无法参与到这一过程中，让其他人来帮助你。你能做的最糟的一件事就是自己来完成这一过程。
2. 把整个项目从始至终分成几个大的阶段。（注意应保证每个利益相关人的相关利益要求都可以被最大程度地满足。这可不能靠运气去完成。）
3. 把每个项目阶段分解成更详细的工作。
4. 把每项工作分解成更小的元素，每个元素应在1–5天内完成，或工作量为1–5工作日。

不做加班族：史上最简单时间管理术

5．运用因与果：每项工作带动下一项工作的进行。运用这种方法为项目建立优先级。

6．尽可能具体和详细，比如不是说"征集设计要求"，而是"查理将与IT员工召开为期2天的会议，参与讨论相关的设计要求"。要保证这一点，使用简单的语言是一个好办法。（哪怕让孩子都能够理解你的语言）

7．如果你不能确定某件事，运用假设。

8．运用工作分解结构（WBS）来分析所有的工作，将整个项目分解成各个阶段，再分解成工作细节。

9．在第2步骤中，我们弄清楚了4样东西：

- 工作
- 工作之间的依存关系
- 工作量
- 工作时间

10．进入第3步骤

2.3 关于项目预算

你可以把预算看做是工作量和工作时间之外的又一个项目元素。我们可以运用两种方法去计算项目的成本（从而得出预算）：

- 劳动力——等于工作量乘以工作效率
- 其他成本——设备、运输、管理费用、软件等等

把这些相加则得到项目的预算总额。

3 项目必须拥有一名领导者 ·················

3.1 理念

你的项目必须拥有一名领导者，一个能够确保项目工作按照之前所确定的计划来进行的人。

这不仅指项目经理。具体的岗位有具体的职责。这些职责包括采取一切可行的措施以确保项目工作按照项目计划得以完成。

很明显，只有当你为项目确定了具体的期限后，这些职责才有可能完成。良好的项目管理工作将占用整个项目工作量（而不是工作时间）的10%，别忘了把它加到你的项目计划中。

3.2 如何去做

1. 计算出你的项目的总工作量的10%是多少。

2. 在你的项目管理结构中增加一项额外的工作——"项目管理",并把它增加到项目的总工作量中。

3. 进入第4步骤。

4 找到能干的员工 ·················

4.1 理念

就像生活中的许多事物一样,项目管理也是一个供与求的问题。其中,需要来自于必须要完成的工作(在第2步骤中得以明确);而供给则来自于此——第4个步骤。比如,共需要完成100个工作日的工作量,那么就需要有100个工作日的人力资源来完成这项工作。

问题在于,当然,由于需求(项目工作)拥有上升的趋势("我们是否能够超额完成任务?"),而供给却呈现下降的趋势("再也没有可用的人手了。""其他项目也需要查理的工作。""对不起,我下周不能再做这项工作了。"等等)。

你的任务是保证拥有足够的员工来完成所有的工作,并且保证他们有时间和能力来进行这些工作。

4.2 如何去做

1. 在你的工作分解结构中，为每项工作指定具体的人员。

2. 弄清楚每个岗位上的每个员工的可用性。比如，一项工作的工作量为10个工作日，而负责此项工作的查理每周只能抽出一天时间来进行这项工作，那么这项工作将需要10周才能完成。如果他能够全职负责此项工作，那么只需要2周时间——巨大的不同。

3. 将所有得到的信息形成一张甘特图——一种表示出谁在何时做什么的图表。

4. 进入第5步骤。

5（a） 为项目制订容错机制 ·················

5 (a) 1 理念

通过第1-4步骤，你已经为你的项目制订了一个计划。这个计划是你对如何进行项目的最好预测结果。在理论上，这时你已经可以考虑项目的种种限制条件。但是，在做这项工作之前，你还需要考虑一个重要的问题。你必须为你的计划制订容错机制，从而让你的计划具有"弹性"。如果缺少容错机制，那么任何意外事件的发生都可能立即导致你的计划失败。

有两种方法去为一个项目计划制订容错机制。第一种方法是建立"紧急储备"。有很多种途径可以建立"紧急储备"，但在这一节中我们仅介绍其中的一种。另一种方法是进行风险分析——"攻击"你的项目风险——在它们"攻击"你之前。

5（a）2 如何去做

1. 为项目的最终期限争取一些额外的时间。这是为了防止在项目运行期间出现意外事件。比如，你可以将项目的总运行时间增加15%，以用于项目管理。换句话说，如果项目要耗时几个月，那么再增加额外的一个月用于防止意外事件。

2. 进行项目风险分析。

   • 确定你的项目中可能出现的风险——那些会导致你的项目计划失败的因素。

   • 根据每种风险的发生概率，为它们制订不同的等级。使用等级1-3，1代表不太可能发生，3代表非常可能发生。

- 根据每种风险的破坏程度，为它们制订不同的等级（1-3）。

- 将每种风险的发生概率等级乘以它们的破坏程度，得到它们的风险等级。

- 对于高等级风险（风险等级6-9），你必须采取相应的措施以降低风险。

- 把这些措施列入项目计划，像对待其他工作一样重视这些措施。

3．进入第5（b）步骤。

5（b）　管理人们的预期 ··················

5（b）1　理念

一个成功的项目是一个能够在一开始就明确了各个利益相关人的预期目标并在整个项目过程中对这些预期目标进行良好管理的项目。换句话说，如果你的项目的所有利益相关人一直能够明确自身的态度和立场，那么这个项目就是成功的。

重要的是要在项目一开始就明确各个利益相关人的预期目标，包括处理与项目有关的种种限制条件（时间、资源、预算）。下一节将告诉你如何去做。

5 (b) 2 如何去做

1. 你的项目可能被期限、资源或预算等限制条件所局限。在这种情况下，你可以根据你的计划向各个利益相关人做出承诺，即你可能告诉他们你的项目的最终期限、所需资源和成本。

2. 如果这不起作用（很少会这样），那你可以采取如下做法：尽管你现有的项目计划可能不能满足各种限制条件，但你可以对计划进行修改。你可以修改项目计划中的4个变量：

   • 项目的最终目标

   • 项目的最终期限

   • 项目的相关工作量/预算

   • 项目的完成质量标准

   通过调整一个或多个变量，可以让你的项目计划满足各个利益相关人的利益要求。

3. 如果（2）的措施仍然不起作用，则意味着利益相关人要求某种不可能实现的目标。你应该坚持拒绝任何不可能完成的任务，直到利益相关人接受现实。在这场谈判结束时，利益相关人可能不会感到高兴，但至少他们知道他们可以信任你的承诺，而不是空许诺言——既浪费了时间，也不可能实现项目目标。

4. 现在你已经准备好去执行这个项目计划。

不做加班族：史上最简单时间管理术

4
技巧四

**让组织机器开始运作的四个好用工具："岗位负
责制""跳舞卡片""团队+协作"和"条形板"**

本章提出了一个非常浅显的道理——如果你不
去做事，事情就不会完成。同时，如果你没有
时间去做事，事情也不会完成。

提问 ··················

本章问题得分及答案，参见本书附录。

问题1

你参与一个项目的"营救"工作。换句话说，这个项目已经出了大问题。你发现了一份项目计划，而且这份计划还是当前的，即它在最近还得到了更新。这份计划有一个明确而稳定的目标（没有发生过大的调整），以及相当详细而广泛的工作清单（复杂目标的优先级）。在阅读这份计划时，你发现很多工作——特别是那些早就应该完成的工作——是被分配给"新员工""待定"或"其他人"来完成，也就是说，没有具体的专职人员，而都采用了一些泛泛的称谓。

(a) 这是项目失败的主要原因吗？

(b) 还有其他原因吗？

(c) 现在下结论是否太快呢？你必须收集关于项目状态的更多信息吗？

(d) 这与项目本身无关，实际上只是项目中的技术性问题罢了，对吗？

问题2

来自演员选角中心的笨笨（这就是一个名字——并没有任何暗示）将为你工作。他告诉你他将"全天候"待命，如果他说的是真的，如果他真的没有其他工作要做，扣除假期和法定假日，那么在一个工作周中，他实际上能够为你工作几天时间？

(a) 3.75天。

(b) 接近（但大于）4天。

(c) 2.5天。

(d) 接近5天。

问题3

你准确带领你亲自挑选的弟兄（或姐妹）们开创新的事业。在以下选项中，哪种风险最有可能让你的创业失败呢？

(a) 薪金过低。

(b) 工作条件太差。

(c) 没有发挥员工所长。

(d) 你的管理能力太差。

不做加班族：史上最简单时间管理术

本章理念 ··················

一旦你了解了自己要去做什么（技巧2："白日梦"
法），以及怎么去做（技巧3：构建复杂目标的优先级），
那么下一步就是去做这些事。这正是本章所论述的内容。
让我们从一个故事开始。

两年前，我前妻的侄子在我的公司里进行了几周的实
习。有一天，当我们聊天时，他问我："你的企业究竟是
做什么的？"我告诉他，我们是一家项目管理企业。我们
向高科技企业和知识密集型企业出售我们的服务。我们进
行培训、咨询服务，我们为客户公司管理它们的项目。关
于培训课程，他问道："你教他们哪些东西？""噢，"
我说，"比如，我教他们要是有复杂而巨大的工作去做，
要先把这些工作分解成更小的部分。"他看起来对这个开
端非常满意，他问："其他呢？""嗯，我教他们，要是
没人去做工作，工作就不会结束。"这时，他微笑了。
"你把这个教给成年人？"他问。我点头。"你会收到很
多钱吗？"他问。"那可不便宜。"我回答。他愈加微笑
了，开始摇着他的头。"我最好回去工作。"他说。

这个故事是这样的浅显——要是人们不去工作，工作就

无法完成，要是有足够多的工作得不到完成，事情就会变糟。一般来说，员工们不会故意不去做事。但是由于各种各样的原因导致这种现象的发生。最常见的原因有：

- 人员混乱——他们不知道他们应该去做什么；
- 过度忙碌——他们知道他们应该去做什么，但他们没有时间去做；
- 能力不足——他们不具有完成工作所必需的专业知识和经验。

所以，如果我们要解决组织机器运转不力的问题，必须要先解决这三大原因。我们将在下一节中介绍四个好用的工具，它们是：

- "岗位负责制"。这可以解决人员混乱问题。
- "跳舞卡片"。既可以解决过度忙碌的问题，也可以解决人员混乱问题。
- "团队+协作。"最大程度地发挥团队的力量，从而解决工作能力不足的问题。
- "条形板"。能够全部解决上述三个问题。

技巧 ·················

岗位负责制

我们的第一个方法相当简单。我们只想保证在一个会议/电话之后，或在一个项目/投资之前，能够清楚地知道谁去做什么。有人说：在一个项目/投资开始时，我们无法确切地了解谁将去做什么。我完全接受这种说法。这些工作还没有明确，或者仍需要聘用相应的人员。所以，在我们的计划（事件优先级）中加入一些尚未确定具体负责人员的工作岗位也是完全可以接受的。这时候，如果我们在这些工作岗位上指定一些"空泛的"的称谓也是可行的，比如"营销人员""工程人员""设计人员"，哪怕一些更讨厌的称谓——"待定""新聘用人员"或"其他"。

但是，在这些工作开展之前的某个时刻，我们最好还是为这些岗位安排一些活生生的、有血有肉的人去负责具体的工作。

跳舞卡片

在之前的生活中，你可能并未遇到过类似的事物，但生活中有很多事都可以看做为供求问题。比如，我们没有足够的钱（供应）去做我们所有喜欢的事情（需求）。或者，我们开办了一个企业，而且买卖不错，因为收入（供应）超过了成本（需求）。或者运气不佳，我们的生意不太景气，收入（供应）少于成本（需求）。或者，在人力资源方面，我们（作为一个部门，一个分厂，一个组织或一个企业）试图利用太少的员工或设备（供应），去做太多的事情（需求）。或者，在时间方面，似乎时间总是太短（供应），让我们来不及做所有愿意做、不得不做或必须做的事情（需求）。

> **"生活中有很多事都可以看做为供求问题。"**

"跳舞卡片"就是对时间的供求问题进行调查的一种方法。要说它的起源，那是在贵族时代，当女士们想去跳舞时，她们就在"跳舞卡片"上写下当天夜晚可以跳的舞蹈（固定数量）。如果某个爵士想与她们跳舞，他就会在特定的舞蹈（比如，一支华尔兹/探戈/等等）后面写下他们的名字。于是这个时间点就被你"预定"了（如果你愿意这么看），别人就不能再预定这个时间点。

你希望你能够理解这个比喻。每天，每周，每月，每年，你所能支配的时间都是有限的。无论你是在家，还是在工作岗位上，都会有许多"其他人"预定了你的时间点——他们包括你的上级、客户、员工、你的孩子、配偶、异性朋友等等。往往，你的时间会"供不应求"。你如何保证自己把时间花费在正确的事物上呢？而我们将进行简单介绍的"舞蹈卡片"则是实现这一目的的好办法。让我们先来看看舞蹈卡片的样子。（参见图4.1）

你肯定你会怀疑它的样子怎么有点像电子表格。舞蹈卡片主人参与的所有事务都被列在了最左侧的一列中。接下来的两列是对这一期间工作量的评估。每月X天，每周X天，每天X小时，或整天——都是衡量工作量的单位。其他的列表示了这些工作量在整个期间的各个阶段中的分布情况。在这个例子中，整个工作期间共分为8个月。还有两个重点：舞蹈卡片的最上面一行代表着每月可供支配的天数以及整个工作期间可供支配的总天数（160天）。（注意，我们在这里假定每月的工作天数均为20天，而不考虑各个国家每个月的工作天数可能存在差异。你可以根据具体的情况进行调整。比如，在欧洲国家里，12月份的可支配天数肯定达不到20天。）另一个重点是完成全部工作量所需要的天数，在这个例子中，是289天。

图4.1 一张"跳舞卡片"

总的可用天数 # 项目	基本 160	合计	十一月 20	十二月 20	一月 20	二月 20	三月 20	四月 20	五月 20	六月 20
1 亚伯项目	25天	25	2.5	2.5	2.5	3.5	3.5	3.5	3.5	3.5
2 贝克项目	25天	25	2.5	2.5	2.5	3.5	3.5	3.5	3.5	3.5
3 查理项目	每月2天	16	2	2	2	2	2	2	2	2
4 道格项目	每周1天	40	5	5	5	5	5	5	5	5
5 电子邮件	每月8天	64	8	8	8	8	8	8	8	8
6 培训其他员工	每月1天	8	1	1	1	1	1	1	1	1
7 招聘	每月1天	8	1	1	1	1	1	1	1	1
8 易兹项目	10天	10	2	2	2	1	1	1	1	1
9 假期	5天	5		5						
10 会议	每周2.5天	80	10	10	10	10	10	10	10	10
11 培训课程	2天	2	0.5	0.5	1					
12 出差	2天	2			2					
13 电话会议	每月0.5天	4	0.5	0.5	0.5	0.5	0.5	0.5	0.5	0.5
总的工作日数量	289		35.0	40.0	36.5	35.5	35.5	35.5	35.5	35.5

于是，这个舞蹈卡片的主人遇到了问题——完成他的工作量所需要的时间是他可支配的时间的两倍。我们将在下节的案例中，看到如何解决这一问题。但是，我希望你能够理解（至少开始理解）舞蹈卡片是分析工作量过大问题的一个好办法。不久我们还会看到，它也是解决这些问题的一个好办法。而且幸运的是，我们将在案例中看到——它还有另一种用途。

团队+协作

我们能够做出的最愚蠢的假设就是假设我们只要凭借一份计划（事件优先级）就可以把每个工作岗位都安排上适当的人选。除了之前我们曾经讨论过的"人员混乱"和"过度忙碌"这两个原因之外，我们还要考虑员工的专业能力和经验等问题。让我们试着更全面、更整体地去看待问题：既然每个人都有相应的长处和短处。我们如何能够尽可能地发挥每个人的长处，而弥补每个人的短处呢？

为了论述这个问题，人们砍光了整片雨林，去为工商管理书籍或其他书籍提供纸张。根据技巧1，"电梯自我营销"法——我们要寻找一种简单的解决方案。经过实践，我发现下面的方法是有效而高效的。

为每个岗位分配具体的负责人员，根据以下技巧制订分配标准：

1. 超级明星。这类员工愿意从事特定的工作，拥有必要的技能，几乎肯定能够按时完成工作任务。

2. 好市民。这类员工乐于从事工作并知道如何去完成工作。可能他们没有得到过特殊的锻炼，但他们完成工作的几率也很大。

3. 狡猾之徒。出于各种原因——缺乏动力、专业知识或时间——他们很可能无法完成分内的工作。

4. 实习生。他们对工作内容还很陌生。他们还需要"手把手"地培养、监督、指导、正式培训、微观管理。然后，我们才能信赖他们的工作。

5. 落魄者。他们无法完成工作。你需要找到完成工作的其他方法。

现在，让我们观察一下这个分配标准。首先，如果我们之前并没有和他们共事过，我们又怎么能准确地了解他们的工作能力呢？很简单，先从我们的计划中给他们分配一些工作。在他们完成（或未完成）几项工作后，我们就对他们有了清楚的了解。

那么，谁来为他们做出这些评价呢？有两种可能性。你有权力决定这件事，并相应地采取行动。此外——可能是更好的，也是更难的选择——你和员工自身都可以对他们的工作能力做出评价。然后，你把双方的评价进行对比，可能会发现你没有对他们的工作能力做出正确的评价。

最后，这些评价对你意味着什么呢？主要的作用是帮助你具体情况具体分析。比如，你不能用管理"超级明星"的方法去管理"实习生"。事实上，对待不同的人群，能够采取的最适当的领导风格和管理风格如下：

1. 超级明星。让他们在工作岗位上拥有自主权，尽可能少地干预他们的工作。

2. 好市民。不要过于干预他们的工作，但也不要假定他们一定可以完成他们的工作。

3. 狡猾之徒。尽快做出对他们的工作能力评价——从我们的计划中为他们分配一些工作，然后观察结果——看他们是否能够完成这些工作。如果能够完成，就把他们放在"好市民"一类中，如果不能完成，就把他们放在"落魄者"一类中。

4. 实习生。以我们之前讨论过的所有工作去帮助他们增强自身的工作能力，（至少）成长到"好市民"

等级。

5. 落魄者。你需要对他们采取行动。你可以考虑从解聘到复职的任何可能的措施。

条形板

条形板是电影业所采取的一种简单、精确而强大的方法。它的目的是准确地表明谁在何时做什么。你可能会认为这种方法有点像甘特图（特别是那些由可笑的软件生成的甘特图，比如Microsoft Project）。我认为甘特图并不如条形板这样准确、生动、便于使用。

图4.2是一个条形板的例子。你可以在案例中找到使用它的方法。

案例 ⋯⋯⋯⋯⋯⋯

案例1：轻松生活（第1部分）

在发达国家中，人们遇到的最头疼的问题之一就是如何维持生活与工作的平衡。我们为了生活而工作，但如果工作压用了我们所有的时间，那么我们就失去了生活。关于这方面的研究、论文和书籍越来越多。但我们很可能并

不做加班族：史上最简单时间管理术

图4.2 一段条形板

职务[工作]

天 #	日期	比尔博	佛罗多	萨姆	高级设计师	阿拉贡	甘道夫	巴利曼	安德希尔
1	4-9月-00	计划							
2	5-9月-00		安排会议	设计风格					
3	6-9月-00			设计风格					
4	7-9月-00			设计风格					
5	8-9月-00			与客户讨论网站地图并征集设计要求	与客户讨论网站地图并征集设计要求				
6	9-9月-00								
7	10-9月-00								
8	11-9月-00			开发概念					
9	12-9月-00			开发界面					
10	13-9月-00			检查内部设计					
11	14-9月-00			向客户报告设计情况	向客户报告设计情况				
12	15-9月-00			根据客户意见进行修改					
13	16-9月-00								
14	17-9月-00								
15	18-9月-00			报告设计情况并定稿	报告设计情况并定稿				

天 #	日期	职务[工作] 比尔博	佛罗多	萨姆	高级设计师	阿拉贡	甘道夫	巴利曼	安德希尔
16	19-9月-00			细节设计					
17	20-9月-00			细节设计	细节设计				
18	21-9月-00			细节设计	细节设计			返回最终副本	
19	22-9月-00			向客户报告进展情况	向客户报告进展情况			向客户报告进展情况	
20	23-9月-00								
21	24-9月-00								
22	25-9月-00			主网站制作	主网站制作				
23	26-9月-00			主网站制作	主网站制作				
24	27-9月-00			主网站制作	主网站制作				
25	28-9月-00			主网站制作	主网站制作				
26	29-9月-00			主网站制作	主网站制作				
27	30-9月-00								
28	1-10月-00								
29	2-10月-00			主网站制作	主网站制作				
30	3-10月-00			主网站制作	主网站制作				
31	4-10月-00			主网站制作	主网站制作				

天#	日期	职务[工作] 比尔博	佛罗多	萨姆	高级设计师	阿拉贡	甘道夫	巴利曼	安德希尔
32	5-10月-00	主网站制作		主网站制作	主网站制作				
33	6-10月-00	主网站制作		主网站制作	主网站制作				
34	7-10月-00								
35	8-10月-00								
36	9-10月-00				上载数据				检查工作进展情况
37	10-10月-00				整合；对网站进行调整	对网站进行调整			
38	11-10月-00				整合；对网站进行调整	对网站进行调整			
39	12-10月-00				整合；对网站进行调整	对网站进行调整			
40	13-10月-00				整合；检查工作进展情况	检查工作进展情况			
41	14-10月-00								
42	15-10月-00								
43	16-10月-00				整合；对工地进行调整	对工地地进行调整			
44	17-10月-00	质量评价		质量评价	质量评价				
45	18-10月-00	质量评价		质量评价	质量评价				
46	19-10月-00	质量评价		质量评价	质量评价				检查网站和定稿，准备试用运行
47	20-10月-00				插入元标记和关键字；完成试用版本				

技巧四：让组织机器开始运作的四个好用工具

（续表）

天#	日期	职务[工作]					甘道夫	巴利曼	安德希尔
		比尔博	佛罗多	萨姆	高级设计师	阿拉贡			
48	21-10月-00								
49	22-10月-00								
50	23-10月-00	主网站制作	主网站制作	主网站制作	整合	质量评价			
51	24-10月-00	主网站制作	主网站制作	主网站制作	整合	质量评价			
52	25-10月-00	主网站制作	主网站制作	主网站制作	整合	质量评价			
53	26-10月-00	主网站制作	主网站制作	主网站制作	整合	质量评价			
54	27-10月-00	主网站制作	主网站制作	主网站制作	整合	质量评价			
55	28-10月-00								
56	29-10月-00								
57	30-10月-00								
58	31-10月-00	主网站制作	主网站制作	主网站制作	整合	质量评价			
56	23-10月-00								
57	24-10月-00								
58	25-10月-00								
59	26-10月-00								
60	27-10月-00								

不需要什么专家来告诉我们这是一个问题。越来越多的时间投入到工作中去，工作却回报给我们越来越大的压力。（"要是你不去做，我就找别人做！"）。我们把工作带回家里去——这一切的一切都表明我们的生活正在被工作一步步地侵蚀。

我们可以停止这种侵蚀。我根据我的经验这样说——因为有些人一周的工作时间很少超过40小时。要想那样做，你需要三样东西。首先，你需要某种方法或衡量手段，从而能够对你现有的行为进行衡量——那是"舞蹈卡片"。其次，你需要遵循第4条技巧：让组织机器开始运作。然后，我们得到推论：如果人们没有时间去做事，事情就得不到完成。因此，我们必须想办法去支配时间，从而能够完成真正重要的事情。最后（也是最重要的部分），你需要意志力去让一切发生。如果你真的想让一切改变，一切就会改变。但是，你必须真的，真的想让一切改变。

让我们回到图4.1中的跳舞卡片，赋予它一个主人——笨笨，然后对它进行了一点改造，如图4.3。

就算不是火箭科学家，也能看出笨笨是"崩溃城市"的候选人之一。即使他仅仅开始这项不可能完成的任务——他的跳舞卡片表明，完成他的工作量所需的时间是他能

图4.3 笨笨的"跳舞卡片"

项目	基本	合计	十一月 20	十二月 20	一月 20	二月 20	三月 20	四月 20	五月 20	六月 20
总的可用天数	160									
# 项目										
1 亚伯项目	25天	25	2.5	2.5	2.5	3.5	3.5	3.5	3.5	3.5
2 贝克项目	25天	25	2.5	2.5	2.5	3.5	3.5	3.5	3.5	3.5
3 查理项目	每月2天	16	2	2	2	2	2	2	2	2
4 道格项目	每周1天	40	5	5	5	5	5	5	5	5
5 电子邮件	每月8天	64	8	8	8	8	8	8	8	8
6 培训其他员工	每月1天	8	1	1	1	1	1	1	1	1
7 招聘	每月1天	8	1	1	1	1	1	1	1	1
8 易兹项目	10天	10	2	2	1	1	1	1	1	1
9 假期	5天	5		5						
10 会议	每周2.5天	80	10	10	10	10	10	10	10	10
11 培训课程	2天	2	0.5	0.5	1					
12 出差	2天	2			2					
13 电话会议	每月0.5天	4	0.5	0.5	0.5	0.5	0.5	0.5	0.5	0.5
总的工作日数量	289		35.0	40.0	36.5	35.5	35.5	35.5	35.5	35.5
超负荷	81%									

够支配的时间的两倍。他所处的情况不是那样——他面前不是一座"小丘"（一旦他挖倒了"小丘"，他就完成了工作）。笨笨不是在一座"小丘"上，而是一座"高原"。只要他站在这个"高原"（他的工作）上，目光所及之处，他都需要用一倍的时间去做两倍的工作。如果他不能及时采取措施，那么（a）问题得不到缓解；（b）问题会变得更糟。这就是笨笨的起点。正是这个阴郁的前景让他决定必须采取某种措施。也许，事实上是因为他的孩子最近已经不认得他这个爸爸，也许是他的妻子认为自己的老公只是一名房客，从而刺激他尝试去解决这一问题。

要解决这个供求问题，笨笨只有两种选择——要么提高供应，要么降低需求。提高供应意味着争取更多可支配的时间。而他必须从自己有限的个人生活时间中"榨取"更多的时间。笨笨决定不再选择这种方法了。

如果他不能提高供应，那么就必须降低需求——也就是说，他必须找到方法，能够做更少的工作。（在这最好实话实说）他有三种方法去做到这一点：

- 找到更聪明的方法去完成特定的工作，比如他可能将某些工作委托给他人完成。
- 不在规定期限内完成特定的工作。

- 完成不完成某些特定的工作。

我们将通过一系列"介入疗法"来解决这一问题——从一些简单易行的步骤逐渐过渡到更难、更激进的做法。如果你愿意，也可以直接跳到更激进的做法。当然循序渐进的学习也许更适合你。

好，让我们开始吧。我们将去探索"更聪明的工作方法"。当时间上的供求出了问题时（正像笨笨一样），我们不应该把注意力放在那些占用时间不多的项目上（比如"培训课程"——2天，"出差"——2天），因为这样做毫无意义，而应该关注那些占用时间较多的项目（比如"会议"——80天，"电子邮件"——64天）。注意，"电子邮件"包括进入笨笨收件箱的全部邮件。这种日常的"打扰"是每个正常工作日的一部分。在与笨笨交谈中，我们发现，一有邮件到达，笨笨就会立即着手处理，他愿意让他的收件箱总是干干净净的。所以，我们的第一个任务就是改掉他的这个"坏习惯"。

> "我们将去探索'更聪明的工作方法'。"

我们建议他应该一天检查收件箱两次，早上一次，下午一次，每次1个小时。他应该关闭计算机上的邮件提醒功能。每天2个小时，就是每周10个小时，即每周1.25天，而不是原来的每周2天。通过这个简单的方法，他每周就节省了0.75天，也就是每月3天（假定每个月有4个星期），也就是在整个工作期间节省了24天时间。别人不可能不注意到笨笨行为的改变。或早或晚，总会有人问他："你还没有看到我的邮件吗？"对于这些质问，他应该解释他现在一天仅检查收件箱两次，早上9：00-10：00，下午2：00-3：00。对于同事来说，这是有益的信息（更是有益的提醒）。于是，这个问题应该就此打住。笨笨现在已经准备好服下另一剂"良药"（更重一点）。

在这时候，笨笨有两种"治疗方案"。第一种是把查看邮件的次数从一天两次降到一次。这样，花费在电子邮件上的24天将变为12天。然而，这个死心眼的邮件狂人很难做到这一点。所以，我们选择另一个方案。令我们高兴的是，这个方案更有效。正如我们所介绍的，一天两次，清理收到的电子邮件。但是，这次我们不再把整整一个小时花费在整理邮件上，而是优先处理那些"红灯"邮件（也就是必须马上着手处理的邮件），而把其他邮件放在一边，不管它。笨笨这样去做了，一开始还很不情愿，但很快变得更加自信，并最终痴迷上了这种做法。他"残忍"地对待那些必须马上着手处理的邮件。成果是他把花费在电子邮件上的时间缩减到了每周1天，每月4天，即整个项目期间共为32天。笨笨的同事们只注意到笨笨对那些不重要的邮件和问题并得不太耐心。或者，换句话说，笨笨只处理那些真正重要的事务。

现在，事实上笨笨还可以采取更激进的办法。如果你记得，笨笨一开始的做法可以总结为："检查收到的每封邮件，以免有重要的事务，并保持收件箱为空。"一种不同的做法可以总结为："如果某件事相当重要，我要找到与之有关的邮件，而把其他邮件留在收件箱里稍后处理。"要想这样做，你可以采取以下措施：一天只检查一次收件箱，或者你甚至可以只在周一/周三/周五检查收件箱，或者甚至只在周一/周五检查收件箱。如果发现任何紧急/重要的事务，那么马上进行处理。否则，把邮件留在收件箱里等候处理。当你的收件箱满了的时候，清空它，快速地逐个浏览一遍邮件，把其中的"垃圾"删除掉，然后重新开始。你担心错过什么重要的事务吗？好的，你为什么不尝试一下，看看会发生什么：如果你遗漏了某些重要的邮件，那么增加检查收件箱的次数。反之，你可以考虑进一步减少检查收件箱的次数。

让我们回到笨笨的问题，他现在的跳舞卡片如图4.4。

如果你尝试这些方法，你会发现他们有着相同的效果。刚开始时，你也许会出错，但如果你坚持下去，对你的工作安排进行一些小的改进，你会发现自己节省了大量的时间。你会对改变自己的行为充满了信心，从而为服下另一剂"药力更重"的"良药"做好准备。同样的原因，如果你无法掌握和实践好上述方法，你就不太可能接受下一节的内容。

案例2：轻松生活（第2部分）

让我们回到笨笨的问题。正如我们在上例中所说，我们还没有开始使用真正的"猛药"。现在，笨笨的超负荷程度仍为61%，不能算作一种健康的状态。让我们假定他没有进一步的措施可以"更聪明地工作"，他也不能把工作委托给其他人去完成。"会议"和"电话会议"这两项都占用了他大量的时间，但又有当日必须完成的事务（因为他的工作性质）。无论是"会议"，还是"电话会议"都不能使用某些好的措施、方法和原因进行缩减。

那么，现上是我们考虑另外两种降低需求的措施的时候

図4.4 笨笨对电子邮件项目进行调整后的"跳舞卡片"

总的可用天数	160	合计	20	20	20	20	20	20	20	20
# 项目	基本	合计	十一月	十二月	一月	二月	三月	四月	五月	六月
1 亚伯项目	25天	25	2.5	2.5	2.5	3.5	3.5	3.5	3.5	3.5
2 贝克项目	25天	25	2.5	2.5	2.5	3.5	3.5	3.5	3.5	3.5
3 查理项目	每月2天	16	2	2	2	2	2	2	2	2
4 道格项目	每周1天	40	5	5	5	5	5	5	5	5
5 电子邮件	每月4天	32	4	4	4	4	4	4	4	4
6 培训其他员工	每月1天	8	1	1	1	1	1	1	1	1
7 招聘	每月1天	8	1	1	1	1	1	1	1	1
8 易兹项目	10天	10	2	2	1	1	1	1	1	1
9 假期	5天	5		5						
10 会议	每周2.5天	80	10	10	10	10	10	10	10	10
11 培训课程	2天	2	0.5	0.5	1					
12 出差	2天	2			2					
13 电话会议	每月0.5天	4	0.5	0.5	0.5	0.5	0.5	0.5	0.5	0.5
总的工作日数量	257		31.0	36.0	32.5	31.5	31.5	31.5	31.5	31.5
超负荷	61%									

了。如果你还记得，它们是：

- 不在规定期限内完成特定的工作。
- 完成不完成某些特定的工作。

有一种方法可以帮助我们自动平衡笨笨跳舞卡片上的供与求。首先根据跳舞卡片上的事务的优先等级进行排序，然后在笨笨可支配的时间用尽的地方划下一条"终点线"，于是问题就得到了解决（至少从数学的角度来看）。这种行为是否合适呢？让我们来看看笨笨的跳舞卡片。我们使用以前介绍过的"如果只能做一件事，我要做哪一件？"的方法来进行优先排序。笨笨在经受了巨大的痛苦后，终于做出了结果，如图4.5。

我们新加上的一列表格显示，至少在理论上，他只应该完成前五件工作，然后就停下来。在这一点上，我要说这个建议并非毫无意义，也不应该被抛诸脑后。我承认这种做法过于极端。但是，如果你具有相应的能力，你可以运用这个方法去解决问题。

然而，让我们承认，这种方法过于极端。那我们应该怎样做呢？我们还没有考虑到的一个重要因素是企业将如何对笨笨的工作绩效进行考评。我们是否了解在他的表格

图4.5 笨笨对各个工作项目进行优先排序后的"跳舞卡片"

# 项目	基本	合计	累计	十一月 20	十二月 20	一月 20	二月 20	三月 20	四月 20	五月 20	六月 20
总的可用天数 160											
1 道格项目	每周1天	40	40	5	5	5	5	5	5	5	5
2 亚伯项目	25天	25	65	2.5	2.5	2.5	3.5	3.5	3.5	3.5	3.5
3 贝兑项目	25天	25	90	2.5	2.5	2.5	3.5	3.5	3.5	3.5	3.5
4 查理项目	每月2天	16	106	2	2	2	2	2	2	2	2
5 会议	每周2.5天	80	186	10	10	10	10	10	10	10	10
6 电子邮件	每月4天	32	218	4	4	4	4	4	4	4	4
7 电话会议	每月0.5天	4	222	0.5	0.5	0.5	0.5	0.5	0.5	0.5	0.5
8 易兹项目	10天	10	232	2	2	1	1	1	1	1	1
9 假期	5天	5	237		5						
10 培训课程	2天	2	239	0.5	0.5	1					
11 招聘	每月1天	8	247	1	1	1	1	1	1	1	1
12 培训其他员工	每月1天	8	255	1	1	1	1	1	1	1	1
13 出差	2天	2	257			2					
总的工作日数量	257			31.0	36.0	32.5	31.5	31.5	31.5	31.5	31.5
超负荷	61%										

中，哪些项目才是考评他的工作的基础？让我们设计图4.6
列出了这些绩效考评关键点。（注意，我们已经把所有的
绩效考评关键点放在一起。同样，笨笨的老板不会把笨笨
的假期看做是绩效考评关键点。）

通过这种分析，我们看到了什么？那样根据这些分析，
我们可以采取哪些现实的行动呢？不管你从哪个角度去看
待这个问题，笨笨的工作都已经超负荷了。那么，有两种
可能性。这要么是一座"小丘"，要么不是。如果笨笨
的某些项目能够结束，那么这就是一座"小丘"。比如，
如果道格项目、亚伯项目和贝克项目能够在六月底结束的
话，那么笨笨的工作量就减少到167个工作日。只要他不再
接受新的工作任务，他还可以正常履行他的职责。如果不
能的话，那么这就是说他一个人在做两个人的工作。从长
期来看，这不是一种可维持的状态。

我希望你能在这两个案例中看到，笨笨所面对的问题在
本质上是相同的。在第一个案例中，他必须让他的上级坚
信：他在未完成现有工作之前，是无法接受任何新的工作
任务的。在第二个案例中，他需要分流一部分工作任务。
在两个案例中，他都必须把他的想法"销售"出去。他应
该怎么做呢？

技巧四：让组织机器开始运作的四个好用工具

要想让他的上级接受他的想法，我认为你会同意必须针对他的上级采取某些必要的措施。通过本章所介绍的技巧（人们不去做工作，工作就得不到完成），我们可以得出相应的措施。笨笨对他的上级所采取的措施正是这一技巧的表现：

笨笨的跳舞卡片如图4.6所示，他并没有足够的时间去完成他的工作任务。而这些工作任务正是评价他的工作绩效的根据。"不断而持续地加班并不是办法。"笨笨说。"谁说的？"他的上级回答，用一种"只要对我有利，哪管别人死活"的语调。"他说的。"笨笨把一本汤姆·迪马酷（Tom DeMarco）写的《最终期限》（The Deadline）扔在桌子上。在这本书的第十五章"压力的效果"中，提到了一些恐怖的事情：

- 处于压力下的员工的思维速度会降低。
- 持续加班会让员工的工作效率下降。
- 短期压力和暂时性加班可以帮助员工凝聚意志，提高工作精神。因此，它们是管理人员的重要手段。但持续性的工作压力总是错误的。
- 管理人员过度地运用压力手段的原因，可能是因为他们不知道其他管理手段，或者觉得运用其他管理手段

图4.6　笨笨对各个工作项目进行优先排序后的"跳舞卡片"及绩效效考评关键点

# 绩效关键点	项目	总的可用天数 160 / 基本	合计	累计	20 十一月	20 十二月	20 一月	20 二月	20 三月	20 四月	20 五月	20 六月
1 是	道格项目	每周1天	40	40	5	5	5	5	5	5	5	5
2 是	亚伯项目	25天	25	65	2.5	2.5	2.5	3.5	3.5	3.5	3.5	3.5
3 是	贝克项目	25天	25	90	2.5	2.5	2.5	3.5	3.5	3.5	3.5	3.5
4 是	查理项目	每月2天	16	106	2	2	2	2	2	2	2	2
5 是	会议	每周2.5天	80	186	10	10	10	10	10	10	10	10
6 是	易兹项目	10天	10	196	2	2	1	1	1	1	1	1
7 是	培训课程	2天	2	198	0.5	0.5	1					
8 是	招聘	每月1天	8	206	1	1	1	1	1	1	1	1
9 是	培训其他员工	每月1天	8	214	1	1	1	1	1	1	1	1
10 是	假期	5天	5	219		5	1					
11	电子邮件	每月4天	32	251	4	4	4	4	4	4	4	4
12	电话会议	每月0.5天	4	255	0.5	0.5	0.5	0.5	0.5	0.5	0.5	0.5
13	出差	2天	2	257			2					
	总的工作日数量	257			31.0	36.0	32.5	31.5	31.5	31.5	31.5	31.5
	超负荷	61%										

过于困难。

- 严重的怀疑：运用压力手段和迫使员工加班的真正原因，可以是为了在项目失败时，让每个人看起来更有面子一些。

（笨笨特别喜欢最后两个说法，觉得它们很适合他的上级领导。）

"他是哪位啊？"领导可能会这样说。但笨笨可能换个角度去表达。"当我这样加班时，我就像一名角斗士，"他说，"每次我进入角斗场中时，我必须为了生存而战。但迟早有一天，我会失败。当我失败时，也意味着你的失败。只要我一直在这种超负荷的状态下工作，这种事就是不可避免的。"

"但是，如果，我能够回到一种可接受的工作状态，那么我向你保证，我有能力完成我的职责。你喜欢哪一种？是角斗士动荡不定的未来，还是某人永远完成工作的真实承诺？"（笨笨需要明确"可接受的工作状态"是什么样的。比如，每周最多工作50小时是一种可接受的工作状态。其超负荷程度最高限度为25%，代表需求目标的范围为160−200天，即160天乘以125%。）

这时，笨笨有可能说服他的上级领导，也就是完成了他的"推销"工作。但是，更可能的情况是，他的上级不"买账"。这时，笨笨追求"轻松生活"的意志将接受挑战。你看到，好的一面是道理在笨笨一方——如果人们不去做工作，工作就不会完成。笨笨可以确凿地证明，通过他的跳舞卡片，他没有机会去完成他的工作任务。（而这些工作任务正是评估其工作绩效的依据） 通过图4.6，我们可以看到，笨笨既不能放弃"电子邮件"和"电话会议"两项工作（以及其他与绩效考评相关的关键性工作），还要在未来的8个月里完成所有的项目。笨笨不得不放弃两个项目，比如亚伯和贝克项目。如果他能做到这一点，他的工作量将降到207个工作日，达到我们所提出的25%的合理超负荷区域。

所以，现在他必须向掌权者大胆进言："你不得不找到其他方法去完成这些项目。我无法做完这些工作。"当然，掌权者会大声咆哮。就像当奥里弗（《雾都孤儿》主人公）想多要一点恩赐时，那小吏一样暴跳如雷。但是，只要笨笨坚持他的观点，他们就会无可奈何。同样，你可能会觉得这剂"良药"的药力过猛。在这种情况下，你可以采取更温和但同样有效的手段（只是起效更慢），只要你愿意忍受在这段时间内所发生的任何折磨，直到所有的工作结束，但是你不能接受新的工作。你每次拒绝他们所安排的工作，正好也印证了你正在超负荷的工作。

你必须明白，人们会继续把工作丢给你——只要你放任他们这样做。一般来说，他们这样做是因为他们没有理由相信你的工作出了问题。你没有告诉他们你的工作出了问题。如果你不去告诉他们，他们就没有理由知道一切。而如果你告诉了他们，他们就必须找出其他办法去解决问题。降低工作效率的工作毫无意义。了解什么才是"降低工作效率的工作"。它是指你在长长的、充满压力的加班中所完成的工作未必会比你在充满效率的每周40小时工作中所能完成得更多。这样的工作对任何人都没有意义，无论是你、你的上级、你的客户、你的员工、你的企业、你的部门、你的组织——还是任何人。

这对于笨笨的每一根道德神经来说，这都是一次真正的考验。坚持住，那么最终掌权者必然选择让步。但如果流露出任何软弱、畏缩不前，他们就会假设，然后肯定，你能够回到并接受老的工作方式。只有坚持，才有胜利。我这样说，不仅凭借我的经历，也是汲取于许多人的成功经验。人们不去做工作，工作就不会完成。事情总是遵循着基本的规律。

最后，还有另外的三样东西可以为你提供帮助。首先，阅读本章的案例5。它讨论了一个试图运用过少的人力资源去完成过多的工作任务的企业。在这个问题中，你往往扮演牺牲者的角色。要解决这一问题，不能仅靠个人的努力，而需要企业的调整。

其次，在第七章的案例13中，我们介绍了另一种谈判技巧。这种技巧不再把重点放在针对某个观点的争论上，而侧重于一种解决问题的机制。这个案例提出了一个相互的问题——你已经非常努力地工作，但你的老板需要去完成大量的工作。于是你需要找到一种建设性的方法来解决双方的困境。在这一谈判技巧中，重要的是：你所提出的任何解决方案都必须能够得到客观的评价。跳舞卡片为你提供了一种对各种解决方案的客观评价方法。比如，你可能希望自己能够为上级分担一部分工作压力，但不想成为唯一去分担他们工作压力的人。

第三，如果你想阅读一些关于某人在尝试性的环境中赢得这些谈判的记录的话，你可以去阅读我的《如何在网络时代成功地进行项目管理》（How to Run Successful Projects in Web Time）中的案例部分。

案例3：矫正目标

在企业中常见的一个问题是：尽管你拥有许多员工（比如领导一个项目或部门），但他们所做的工作并不符合你的预期。这可能是由于两个原因。首先，很明显，你没有实现预期的目标。其次，你一直没有发生错误，直到太迟。

人们设计了很多方法来解决这一问题——目标管理机制、像法律条文一样明确地制订工作目标、平衡记分卡、关键绩效指标，等等。根据我的经验，跳舞卡片是解决这一问题的更好方法。以下，是你应该采取的措施：

1. 让为你工作的每个员工都根据你指定的时间段来制作一张跳舞卡片。

2. 现在，与员工们一起检查他们的跳舞卡片，一行行地认真检查。

3. 了解他们在这一时间段准备去完成哪些工作任务。

4. 观察他们工作时间的供与求，考虑他们的工作目标是否现实。（如果他们像上个案例中的笨笨一样超负荷工作——那么他们所制订的工作目标很可能无法实现。尽管发现这一点并不会让人感到高兴，但与其让这些不现实的工作目标影响企业的业绩，还不如提前发现这些问题。同样，要注意：从管理者的角度来看，在处理时间的供求问题时，这一措施远比上一案例中所介绍的措施更明智、更文明、更有效得多。）

5. 矫正任何与你的预期目标不相符的工作安排，以便让你的跳舞卡片能够得到上下级人员的接受，并具有合理的供求平衡。

6. 现在让他们放松一下吧，你可以更自信说，他们能够为你的成功做出真正的贡献，并且与你想实现的工作目标完全相符。

案例4：确保一个项目（或其他奋斗目标）的顺利完成

在我看来，企业中常常有这样一种观点：当你去开始一项新的工作时，尽量做好计划，剩下的事就都交给上帝了。事实上，在当今商界，越来越多的人愿意去说："我没时间去制订计划，就顺其自然好了。"这种观点一般来说不会被其他学科所接受。比如，军队和制片商都尽可能地制订严密的计划以增加每个成员的成功几率。可能这是因为在军队中，每个决策常常都关系到战士们宝贵的生命，而在制片商看来，一个电影的成败则关系到巨额的资金。无论如何，从常识性的眼光去看，我认为尽可能减少失败的机会是一件好事。它意味着我们最大程度地了解到我们着手的项目的真实情况。它意味着每个人都适当地确立了自己的预期目标。它意味着我们拥有最大的机会去完成我们所承诺的事情。

要尽可能地降低失败的机会，最好的办法之一就是运用条形板。同时，请注意，我们将综合运用我们已经介绍的四项技巧中的三项：技巧2（"白日梦"法），技巧3（构建复杂目标的优先级）和技巧4（让组织机器开始运作）。

让我们通过下面的案例，向你演示如何运用条形板去制订项目计划。这个项目会不像制作一部迪尼斯电影那样庞大，也不会像赛西尔·德米尔（美国著名导演）电影那样复杂。让我们假设我们企业的研发部门推出了一款新产品。研发人员们认为这款产品将非常抢手。我们要找到方法对这种假设做出测试，看看究竟有没有人愿意购买这款新产品。（注意，在这我们再次运用了第1技巧——"电梯自我营销"法。市场营销部门可能要围绕这款新产品进行一系列市场调查，尽管我们绝对没有批评这种做法的意思，但没有什么比得上让人们拿出一些真金白银去市场上进行销售实验。）

不管怎样，让我们回到我们的新产品。我们首先确定这次小型市场测试的规模（技巧2："白日梦"法）。我们使用"了解自己要去做什么"和"了解你的目标是否符合其他人的利益需求"两个方法（参见第二章）去确定适当的项目目标，并确保这一目标能够被各个利益相关人所接受。我们确定这次市场推广活动将为期三个月。如果这次活动最后能够达到以下标准，那么我们将认为这一工作是成功的。

• 取得一定的营业额（我们认为，在这次小型市场测试活动中，我们至少应该能够收回我们的成本）；

• 获得一定的客户；

• 开发一些基本的营销素材、销售素材和销售策略；

• 提出一些改进建议，以帮助产品打开销路。

我们也确定了以下两点不属于这一项目的范畴之内：

• 完全、最终的营销与销售并举；

• 对产品做出改进，以改善其销路（我们会提出改进建议，但不负责对产品本身做出改进。换句话说，我们只负责测试研发部门给我们的产品）。

现在，运用技巧3（构建复杂目标的优先级）和技巧4（让组织机器开始运作），我们把我们所想到的所有工作都列在条形板上，如图4.7。

图4.7 条形板上的工作安排

天# 日期　职务[工作]

天#	日期	斯扎德	吉尔伽莱德	佛罗多	甘道夫
1	14-11月-00	确定项目规模	确定项目规模；撰写项目计划（第1稿）；	3小时的后续邮件处理	
2	15-11月-00		确定网络需求，将网络需求列在项目计划中——送各部门受检	3小时的后续邮件处理	建立网络
3	16-11月-00		与AB讨论财务问题	3小时的后续邮件处理	
4	17-11月-00		不可用	3小时的后续邮件处理	
5	18-11月-00				
6	19-11月-00				
7	20-11月-00		与ABC讨论研发问题，与FG、HI和JK讨论财务问题；销售会议		
8	21-11月-00		不可用	3小时的后续邮件处理	
9	22-11月-00		不可用	3小时的后续邮件处理	
10	23-11月-00	会面	与如下人员会面：ABC（确定网络设计要求），与DE会面	3小时的后续邮件处理	
11	24-11月-00		研究项目要求，及完成周二的工作；与DE会面，讨论营销问题	3小时的后续邮件处理	

(续表)

天 # 日期 职务[工作]		斯扎德	吉尔伽莱德	佛罗多	甘道夫
12	25-11月-00				
13	26-11月-00				
14	27-11月-00		销售会议（宣读项目计划），ABC做报告；至少1小时与客户进行电话约见		
15	28-11月-00		与客户进行电话约见	3小时的后续邮件处理	
16	29-11月-00	书面参考	与客户进行电话约见，检查ABC的报告，征求DE对营销要求的意见	3小时的后续邮件处理	
17	30-11月-00	会面	不可用	3小时的后续邮件处理	
18	1-12月-00		不可用	3小时的后续邮件处理	
19	2-12月-00				
20	3-12月-00				
21	4-12月-00		销售会议，在电话中约见客户，征求员工们的反馈意见，12:00与AB讨论财务事宜，撰写第一稿		
22	5-12月-00	会议	在电话中约见客户，至少与一名客户会面		
23	6-12月-00	会议	在CD与AB会面，在GH与EF会面		

技巧四：让组织机器开始运作的四个好用工具

（续表）

天 # 日期	职务[工作]	斯扎德	吉尔伽莱德	佛罗多	甘道夫
24 7-12月-00			不可用		
25 8-12月-00			不可用		
26 9-12月-00					
27 10-12月-00		会议A+B			
28 11-12月-00			征求反馈意见；发信		
29 12-12月-00			征求反馈意见；给AB打电话		
30 13-12月-00			发出后续邮件，邀请客户会面		
31 14-12月-00			不可用		
32 15-12月-00			不可用		
33 16-12月-00					
34 17-12月-00			销售会议，在电话中约见客户会面（后续）；撰写备忘录2		
35 18-12月-00			确定产品需求报告书		
36 19-12月-00					
37 20-12月-00			与ABC确定好咨询日期		
38 21-12月-00			不可用		

不做加班族：史上最简单时间管理术

天#	日期	职务[工作] 斯扎德	吉尔伽莱德	佛罗多	甘道夫
39	22-12月-00		不可用		
40	23-12月-00				
41	24-12月-00				
42	25-12月-00				
43	26-12月-00				
44	27-12月-00				
45	28-12月-00		不可用		
46	29-12月-00		不可用		
47	30-12月-00				
48	31-12月-00				
49	1-1月-00				
50	2-1月-00		销售会议（确定培训日期）；整理客户们对新产品提出的改进意见		
51	3-1月-00		电话约见客户		
52	4-1月-00		不可用		
53	5-1月-00		不可用		

技巧四：让组织机器开始运作的四个好用工具

天#	日期	职务[工作]			
		斯扎德	吉尔伽莱德	佛罗多	甘道夫
54	6-1月-00				
55	7-1月-00				
56	8-1月-00	确定准确计划	确定与NK的会谈时间为4天		确定准确计划
57	9-1月-00	会议	会议		
58	10-1月-00	会议	会议		
56	11-1月-00		不可用		
57	12-1月-00		不可用		
58	13-1月-00				
59	14-1月-00		准备销售培训		
60	15-1月-00		完成销售培训		
61	16-1月-00				
62	17-1月-00	会议	会议		
63	18-1月-00		不可用		
64	19-1月-00		不可用		
65	20-1月-00				

(续表)

天 #	日期	斯扎德	吉尔伽莱德	佛罗多	甘道夫
66	21–1月–00				
67	22–1月–00		销售会议		
68	23–1月–00		会议		
69	24–1月–00		会议		
70	25–1月–00		不可用		
71	26–1月–00		不可用		
72	27–1月–00				
73	28–1月–00		销售会议		
74	29–1月–00		会议		
75	30–1月–00		会议		
76	31–1月–00		不可用		
77	1–2月–00		不可用		
78	2–2月–00				
79	3–2月–00				
80	4–2月–00		销售会议		
81	5–2月–00				

职务[工作]

技巧四：让组织机器开始运作的四个好用工具

123

(续表)

天 #	日期	职务[工作] 斯扎德	吉尔伽莱德	佛罗多	甘道夫
82	6-2月-00		会议		
83	7-2月-00		会议		
84	8-2月-00		不可用		
85	9-2月-00		不可用		
86	10-2月-00				
87	11-2月-00		将上述工作和成果移交研发部门		
88	12-2月-00		将上述工作和成果移交研发部门		
89	13-2月-00		将上述工作和成果移交研发部门		
90	14-2月-00		将上述工作和成果移交研发部门		

不做加班族：史上最简单时间管理术

于是，我们可能准确地看到谁在什么时间做什么。我们能够对关键性的假设进行测试——比如，我们假设我们的目标是100名目标客户，并且假设约见电话的成功率为20%。这意味着我们在整个项目期间必须会见20名客户，即每天2名，我们可以通过条形板来判断我们是否为会见客户预留下足够的时间。如果我们假设与客户会见后成功售出产品的几率为50%，那么我们就可以估计出我们的工作将产生的收入，并判断这一收入是否能够满足我们预先确定的项目目标。同时，通过条形板，每个员工都可以了解整个项目的情况以及他们在其中所发挥的作用。它帮助我们了解项目的进展情况。在任何一个给定的时间里，我们都可以画出一条水平线，任何在这条横线之上的工作内容，都应该已经完成。如果有些工作内容没有完成，那么我们的工作进度就落后于计划；如果我们已经完成了某些水平线之下的工作内容，那么我们的工作进度就提前于计划。

不可避免地，在整个项目期间会发生各种各样的意外情况。但是现在，即使发生了这些意外情况，我们也不会有不安的感觉——"这意味着什么？""这对项目会有什么影响？"通过条形板，我们能够准确地了解每一次意外情况对项目的影响情况。

事实上，一个条形板就像是你的项目的一种模拟器。通过构建和运用条形板，你会感到自己仿佛真的在推动一个项目的运转。此外，你还可以在真正运营一个项目之前，尝试各种不同的方法——"如果这样做，结果会怎样"。

案例5：确保你的企业言出必行

你是否遇到过以下问题？

- 你在企业中的产品研发或服务部门工作。从你的角度去看，你发现那些负责向客户做出承诺的员工往往对客户做出不合理的承诺。

- 你是一名销售人员（或者负责确保企业实现其向客户承诺的服务水平的人）。但是，那些在产品研发或服务部门工作的员工似乎从来不关心履行对于客户的承诺。即使在（a）你所做出的承诺相当合理时，或（b）你甚至与相关负责人确认过相应的承诺的时候——"你绝对肯定你有自信履行这一承诺吗？"，这种情况仍会发生。

- 在上面所介绍的这种企业中，你是一名领导者。你感到你的产品还不能达到"物超所值"的程度，尽管你了解其中的原因——你的企业的效率低下。甚至——

你最深的恐惧——无能。你不知道背后真正的原因是什么。你尝试了各种措施——培训、改进管理体制、更换管理人员、提高生产质量和程序——但是基本的问题却一直得不到解决。

- 你是这个企业中的一名普通员工，你发现自己的工作越来越难以进行，工作压力也越来越大。

如果你对上面任何一个问题回答"是"的话，你就有可能遇到下面的问题：说得简单一些，在你的整个企业中都出现了工作时间的供求矛盾。更直白地说：这意味着你正尝试用太少的时间去完成太多的工作。"这有什么稀奇？"我听到你说。我能够理解你为什么会这样说。大多数企业都存在着这种现象。事实上，一些人认为这是一种好现象——每个企业都应该尝试让员工队伍的工作能力超越其极限。比如，在《财富》杂志上就有一篇文章《彻底改造你的企业》，其作者加里·汉默尔提出"设计一种激励创新意识的企业文化"的第一条准则就是"设定非理性的工作目标"。他引用通用电气金融集团首席执行官的话："公司为我们确定的预期目标是营业利润每年上升20%。当我们的目标超过我们的能力极限时，就迫使我们用全新的角度去思考我们的机遇。"

而我并不是要批评这种观点。雄心勃勃的目标？没错。用全新的角度去考虑完成目标的方法？绝对正确。但是不能以损失整个项目为代价。更不要假装应用我们的第四项技巧（让组织机器开始动作），它并不适合这些人。我尽量明了地说清楚这件事：如果你的企业试图让员工们完成他们无法完成的目标，那么最终将会有一些需要完成的工作得不到完成。而且，根据需求（需要完成的工作）与供给（员工可以支配的工作时间）之间的缺口大小，你的工作最终有可能仅仅距离"非理性目标"一步之遥，也可能差得十万八千里。

以我的经验，企业更倾向于后者。具有工作时间的供求矛盾的企业往往会发现这种矛盾越来越尖锐。特别是那些快速成长的高科技企业——特别当他们依赖于外部投资者的资金时。

那么，你应该怎样做？真的很简单。我们已经在本章中介绍了相应的措施。弄清楚企业的时间需求（需要完成的工作量）有多大，时间供给（员工给支配的时间）有多少，对工作进行优先排序，最后对不重要的工作进行削减。忘掉所有关于加班加点和"延伸性"目标（在这，"延伸性"意味着"不可能"或"不理智"的事情）。这

　　　　　　　不做加班族：史上最简单时间管理术

些事情根本不具备任何可持续性。图4.8为一个虚构的企业（从事产品研发行业）将每个项目的预计工作量汇总。我们假设这是全年（12个月）的项目计划汇总。

图4.8　一家虚构企业的项目和预计工作总量

项目名称	工作量
1．亚伯项目	8工作周
2．贝克项目	541工作周
3．查理项目	48工作周
4．道格项目	440工作周
5．易兹项目	368工作周
6．狐步项目	135工作周
7．高尔夫项目	976工作周
8．宏泰项目	1032工作周
9．印第安项目	256工作周
10．对现有产品的支持（根据每种产品的支持工作所需的工作量进行估计）	392工作周
11．研发工作（根据研发人员的数量估计相关工作量）	176工作周
12．培训工作（根据每名员工所需的培训量估计相关工作量）	96工作周
小计	4468工作周
项目管理工作量　（+10%）	447工作周
备用（+15%）	670工作周
合计	5585工作周

让我们假设在当年可支配的人力资源总量为1892工作周。这包括企业现有人员和在同年准备招聘的人员。我想你能够看出来这个企业遇到了大问题。我希望你能明白，如果你在这样一个企业中工作，你就会遇到本案例开头所指出的那些问题。

> **"忘掉所有关于加班加点和'延伸性'的目标。"**

要解决这些问题，这家企业必须进行"进行削减"，以确保工作与人力资源的平衡。这包括以下措施：

- 那些必须完成的工作，包括第10项（产品支持）、第11项（产品研发）和第12项（员工培训）不变。
- 项目管理与备用工作量不变。
- 找出更重要的项目，确保这些项目的工作量加上产品支持、产品研发、员工培训、项目管理和备用工作量的工作总量不超过1892工作周。

这个是令人愉快的工作吗？不，我可不会这样认为。当企业意识到并非所有的工作都可以在当年完成时，整个企业的士气都会受到影响。但他们必须这样做吗？是的。如果他们不这样做会怎样呢？好的，你应该还记得我们之前谈过的"失败几率"。如果这个企业（它的虚构情况可能并不像你希望的那样少见）不能有意识地、清楚地确定其真正想去完成的工作内容，那么一切都会由"老天"去决定。如果你认为这就是企业做生意的好办法，那么我无话可说。

你会注意到，我们实际上是假设我们所面对的员工是同一个种类，或处于同一个技术层次。任何产品开发人员的一个工作周与所有其他产品开发人员的工作周相等。所以，我们可以把他们的工作周进行累计。在解决企业的供求问题时，我们首先需要以这种方法去分析问题。然后，当完成第一步的分析后，我们再把企业员工具体分为若干个类别或能力层次（根据需要）。比如，同样在这个产品开发企业中，我们可以根据需要把员工分为设计师、研发人员和测试人员等等。

案例6：应对意外情况

你是否曾经想过，如果你的工作中没有意外情况的发生，将会变得多么简单？你为下周的工作制订了计划，明确了需要去完成哪些工作。你拥有充分的时间去完成所有的工作。你原本可以在周五晚上哼着小调，喜气洋洋地回到家里。

不幸的是，真实的世界并不是这样，你漂亮的周工作计划会因为各种意外、救急和其他干扰而变得支离破碎。当你在周五下班的时候，你会惊讶地发现周五已经过去了。你会奇怪一周的时间都跑到哪里去了。

当你发现你其实知道如何应对这种情况时，你是否会惊奇呢？我把这假想为"燃情约会"般的场境。想像有那么一天，你和女朋友有一个"燃情约会"。为了保证文字的直白和客观，让我们先假设这是你不得不去的一次普通约会。在这种情况下，你会怎样安排你的一天？你是否会尽可能准确地制订你的计划，让每件必须完成的事情都具备精确对应的时间点？但这还不够，你还需要做一些其他的事情。要知道突然出现什么人（或什么事），从而打乱你的日程，是多么容易发生的一件事啊？你实际上要为这种意外情况预留时间。让我们假设你必须最晚在5点离开你的办公室去赴约。那么，你不应该计划在5点完成你的工作。不，不，不。这样做的风险太大。相反，你应该计划在4点完成工作。然后，你要么可以提前离开你的办公室，要么你可以利用预留的时间来应对意外情况。

然而，即使我们知道应该怎么做，我们在日常生活中却常常不去这样做。实际上，我们所做的恰恰相反。即使，我们在各种意外情况中吃够了苦头。我们的行为也仿佛今天——出于各种古怪的原因——完全没有意外情况的发生。而且，当这些意外情况发生时，我们会感到惊讶和沮丧，即使所有的逻辑关系都告诉我们这些事必定会发生。

所以，要想应对意外情况，你所需要做的就是每天应用"燃情约会定律"。以下这些简单而实用的方法可以帮助你去应用这一"定律"：

1. 记录下，在一周中，你处理各种意外情况所花费的时间。
2. 计算出每天处理意外情况的平均时间。
3. 这个平均时间就是每天你安排工作时所应该考虑的"意外时间"。

这有一个例子。让我们假设有那么一周，你记录的"意外时间"如下：

	周一	周二	周三	周四	周五
意外时间	2	8	0.5	1.5	3

因此，你的"平均意外时间"为3小时（（2 + 8 + 0.5 + 1.5 + 3）/5）。所以，根据这份记录，每天你平均要花费3个小时，处理各种意外情况。通过在你的日程安排中增加"意外时间"（你可以利用跳舞卡片来做这件事），你可以确保这些意外情况不会影响你真正需要完成的工作。有时候，比如在本例中的周二，仍会让你一天的日程安排变得破碎不堪，但"亡羊补牢"总好于每天的日程都变得支离破碎。

案例7：在经济衰退期的企业管理
请阅读下文：

在过去的15年里，即使在经济衰退期，高露洁公司在提高工作效率方面也有着惊人的记录，并带动利润的增长。在高露洁公司中，这种过程是根深蒂固的，并带来巨大的回报——在日益残酷的竞争中，在增长迟缓的日用品市场中，高露洁公司的股票在过去5年中一直以平均每年28%的速度上涨。

这篇文章的意义在于指出在经济出现下滑时，企业的生产效率也会出现下降。这时，你需要阻止这种情况的发生，甚至逆转这种下滑的趋势。这不仅让你能够更深入地了解经济下滑的困局，也能帮助你在经济转暖时取得更有利的竞争地位。

无论你从事的是什么行业，避免浪费都是提高工作效率的重要途径之一。在案例3和5中，我们已经看到了两种避免浪费的有效方法。运用跳舞卡片对工作目标进行矫正可以避免员工浪费时间和精力。运用条形板来制订计划可以让我们更聪明地利用每一天的时间，避免在需要完成某件工作时却找不到适当的人手的情况发生。

那么，你应该怎样做？ ···················

1. 把你所有负责的项目/工作/任务记在一张清单上。

2. 确保在每个会议或电话后，为每个项目/工作/任务制订相应的事件优先级（第3条技巧：构建复杂目标的优先级）。确保计划中的每项工作在需要的时候都有具体的负责人员。

3. 最大程度地发挥与你共事的人员的能力（不仅包括你的下属，也包括你的上级领导、你的客户、你的同事等等）。

4. 制订一张跳舞卡片，让你的生活变轻松（如果你还不能轻松地生活的话），运用我们在案例1中所介绍的理念。

5. 让你的员工学会使用跳舞卡片，然后运用跳舞卡片去矫正他们的工作目标。

6. 你也可以对你的同事采取同样的措施。这会让你知道你们的工作是否与上级的要求相符。

7. 把条形板作为选择适当的项目/工作计划的方法。优先于甘特图，特别是优先于各种所谓的"项目管理工具"（MicroSoft Project是最常见的项目管理软件）来使用条形板。通过各种电子表格软件都可以方便地生成条形板，如Excel。

8. 在整个企业范围内计算供（可支配人力资源）与求（需要完成的工作），求得两者平衡。

9. 为你的日程安排预留"意外时间"。

10. 根据下一节的内容去执行你的项目。

小计划好于大麻烦

在第三章的结尾处，我们介绍了如何以一种"常识性"的方法为一个项目制订计划，以保证使用最小的努力去取得最大的成果。本节则介绍如何以最小的工作量去执行一个项目计划。正如上一节一样，本节也包括5个步骤。在每个步骤中，我们先介绍这个步骤是什么，其背后的理念是什么，然后我们会告诉你如何去执行这个步骤。

6 运用适当的领导风格 ·················

6.1 理念

大量的项目管理工作是关于让你的员工去为你完成工作。这正是你的领导风格发挥作用的领域。

每个人都具有天生的领导风格，有的人注重更细致的微观管理，有的人注重更宽松的自主式管理。是不是这种领导风格一定要好于另一种领导风格呢？你应该运用某种领导风格，还是走中庸之道呢？如果员工们把工作做得很好，你是否就应该运用自主式管理呢？如果员工不能把工作做好，你是否就应该运用微观管理呢？

在下一个步骤中，我们会介绍"具体情况具体分析"的道理。很明显，每个人所遇到的情况都是独一无二的。但是通过6.2中的一些参与点，你可以做出你自己的判断。

6.2 如何去做

1. 超级明星。这类员工愿意从事特定的工作，拥有必要的技能，几乎肯定能够按时完成工作任务。让他们在工作岗位上拥有自主权，尽可能少地干预他们的工作。

2. 好市民。这类员工乐于从事工作并知道如何去完成工作。可能他们没有得到过特殊的锻炼，但他们完成工作的几率也很大。不要过于干预他们的工作，但也不要假定他们一定可以完成他们的工作。

3. 狡猾之徒。出于各种原因——缺乏动力、专业知识或时间——他们很可能无法完成分内的工作。尽快做出对他们的工作能力评价——从我们的计划中为他们分配一些工作，然后观察结果——看他们是否能够完成这些工作。如果能够完成，就把他们放在"好市民"一类中，如果不能完成，就把他们放在"落魄者"一类中。

不做加班族：史上最简单时间管理术

4．实习生。他们对工作内容还很陌生。他们还需要"手把手"地培养、监督、指导、正式培训、微观管理。然后，我们才能信赖他们的工作。

5．落魄者。他们无法完成工作。你需要找到完成工作的其他方法。你需要对他们采取行动。你可以考虑从解聘到复职的任何可能的措施。

7 了解项目的运转情况 ··················

7.1 理念

我们花费那么多功夫建立起来的项目计划已经为我们发挥了两种作用。首先，它让我们可以从各种不同的角度去理解我们的项目。其次，它让我们致力于那些可以完成的工作，而避免在那些不可能完成的工作上浪费时间。在这，我们将看到项目计划的第三种作用——它是指导项目推进的向导。

7.2 如何去做

每天如下做：

1．从上至下检查你的项目计划，找出哪些工作需要你今天采取行动。这些工作就构成了你今天的日程安排。

2. 去做这些工作。

3. 记录下实际的发生情况，与计划进行对比（比如，计划中，你预计一个工作需要三天完成，但实际上这项工作花费了五天时间）。

4. 把发生的各种意外情况记录下来，也就是那些在你的项目计划中没有预计到的事件。一些意外情况将迫使控制事件（参见1.1小节）的调整。这时，你需要制订一个新的项目计划，并与利益相关人做好沟通工作。如果他们同意了新的计划，那么你的项目将按新的计划执行。如果他们不同意新的计划，那么你还可以按原计划执行。

5. 通过使用你的紧急备用资源（最好的行动选择），或让团队工作更长的时间（并不是一种好办法），你可能解决其他意外情况所带来的危机。

6. 通过项目计划的更新，你可以了解项目的当前状态。比如，最终期限是否发生了调整？项目预算是否发生了变化？

不做加班族：史上最简单时间管理术

8 让人们了解项目的进展 ·················

8.1 理念

第5（b）步骤让你在一开始为各个利益相关人确定了适当的预期目标。第8步骤则保证你可以在整个项目期间对这些预期进行管理。

8.2 如何去做

在上一个步骤里，你了解了项目当前的状态。每周一次，通过项目状态报告向各个利益相关人通报项目的进展情况。

9 重复项目1-8，直到项目结束 ·················

9.1 理念

当我们花费了巨大的努力制订了项目计划，我们不会迈出巨大的一步直接迎来项目的成功完成。在现实生活中，我们制订计划，然后我们调整计划。在小节7.2中，我们对这一过程进行了介绍。通过这样做，我们会在第1-8步骤之间进行重复，直到项目完成。

9.2 如何去做

没有——你已经在做了。

10 对项目进行回顾总结 ·················

10.1 理念

不管项目最终是取得了巨大的成功，还是惨痛的失败，或者在两者之间，你需要在这个项目中进行学习。这个步骤就是告诉你如何去做。

10.2 如何去做

1. 尽你所能，从各个利益相关者那里得到对项目的反馈意见。

2. 把你做得好的地方记录下来，以保证下一次你还可以这样做。

3. 把你做得差的地方记录下来，以保证下一次你不会再这样做。

4. 把你的项目计划与项目的实际发生情况进行对比。当你制订下一个项目计划时，可以利用这些信息。

不做加班族：史上最简单时间管理术

5
技巧五

"最危险的10项风险"清单：
应对种种意外的容错机制

哪怕我们尽了最大的努力，有时也会发生一些
意外情况。本章讨论如何尽可能减少意外情况
的数量和破坏。

本章理念 ·················

　　"人生充满了意外。"可能每个星期结束时，我们都会感叹这句话的真切。从某种意义上说，我们前几章所介绍的技巧——技巧2："白日梦"法，技巧3：构建复杂目标的优先级，技巧4：让组织机器开始运作——都在告诉我们如何减少发生意外情况的可能性。我们所介绍的一些主要方法，尤其是跳舞卡片和条形板，可以帮助我们对未来进行预测，从而规避风险。

　　但是，尽管我们付出了最大的努力，各种意外情况仍然在等待着我们。"要是你不主动攻击风险（在你的项目中），"软件专家汤姆·吉尔博写道："风险就会主动攻击你。"有时，我想像我们正像穿过一片雷区。我们所介绍的种种方法让我们了解了雷区的部分地图。然而，我们知道这地图并不完整，还有一些未知的地雷静静地躺在地下，等待着我们。

> "这种方法让我们在穿过雷区的时候穿上了一件盔甲。"

要应对这些地雷，我们需要更多的方法。我们将介绍其中的两种。第一方法是预留备用／设立缓冲带／建立容错机制。这种方法让我们在穿过雷区的时候穿上了一件盔甲。我们知道前面有地雷，我们也知道自己不可能完全避开这些地雷。也就是说，一定会有一些地雷爆炸。我们想确保的是，这些爆炸不会让我们丧命。这不是一种愚蠢的措施。奄奄一息并不是值得庆贺的目标。预留备用具有缓冲的作用。如果在项目执行期间发生了意外情况，那么预留备用资源（我们希望）让我们能够从容地应对这些意外情况。

　　然而，我们还可以采取更聪明的方法。我们可以认真观察整个雷区，找出可疑的地方，比如隆起的土堆或挖掘的痕迹。这些地方很可能存在地雷。然后，我们穿过这片雷区。我们尽可能地管理好我们的脚步，从而避开那些可疑的标志。仍有一些地雷可能会爆炸，这时预留备用资源就会救我们一命。不仅如此，我们还可以使用专门的方法去应对各种特殊的地雷。而如果地雷没有爆炸，那么更好——我们的努力将换来成倍的收益，因为我们不需要被迫去"救火"（而浪费大量的资源）。这种措施被我们称为风险管理。

　　　　　　　　不做加班族：史上最简单时间管理术

在下一节中，我们将详细介绍这两种方法——预留备用资源和风险管理。

技巧 ··················

预留备用资源

这可能会让整个讨论变得相当复杂。别忘了第1条技巧——"电梯自我营销"法。让我们看看是否能避免问题的复杂化。所以，与其为了讨论预留备用资源而费尽脑筋，还不如让我们快速地聚合几个简单的概念。

第一，正如我们已经说过的，它是强制性的。无论你的项目的难易程度，你都必须预留备用资源。

在成熟的行业中，比如建筑业或制造业，甚至电影业，预留备用资源都已经成为默认的做法，就像原材料或劳动率一样普遍。不幸的是，在最近出现的大量高科技企业或知识密集型企业中，却并没有继续这种优秀的做法。在这些行业中，预留备用资源被看做惹人猜疑的可耻行为，就像是粘在鞋上的狗屎一样让人讨厌。被人猜疑是因为要求预留备用资源的人们看起来就好像要利用这些资源去度过一个带薪休假。让人讨厌是因为这些预留备用资源的人看起来趋易避难，"放弃了建设性的紧张氛围"，让工作变得过于轻松——只为了他们自己，为了懦夫，为了胆小鬼。

这种古怪观点的一个后果，是在这些行业中的一种趋势——人们在发现预留备用资源时——就立即取缔它。既然我们已经说过，你必须在项目计划中考虑预留备用资源，那么你必须留意这种趋势，并采取措施抵消它的影响。有两种方法：

- 直截了当地在项目计划中预留备用资源，但阻止其他人取消这些资源；
- 在项目计划中隐藏备用资源，以防止其他人发现这些资源。

实际上，还有第三种选择。就是在项目计划中清楚地列出备用资源，再让管理层取消这些资源。这样，管理层会因为取消了这些备用资源而感到满意，同时你仍然准备了另一部分备用资源（隐藏的）。而且，当然，如果他们没有取消你在计划中列出的备用资源，那么你就拥有了双份的备用资源。而我对这没有任何意见。

最后，你应该怎样做呢？好的，有两种好办法。（正如我之前所说，这不仅有一种办法。但我们并不准备对预留备用资源进行非常详尽的讨论。）

- 少承诺，多完成。
- 夸大你的预测，比如，预算（也就是说，你的计划预算要比实际预算高一些），或者需要的人力资源（说你需要更多的人手，或需要他们工作更长的时间），或者需要的时间（即为资源预备更多的时间）。

风险管理

尽管风险管理包括许多复杂的措施，但也有一种简单的方法。首先，它帮助我们找到问题，然后它提供了一种让我们可以在整个项目期间应对这些问题的途径。

要管理风险，我们首先要了解风险的几个方面：

- 我们的项目可能受到哪些风险的影响；
- 每种风险发生的可能性；
- 每种风险的破坏性；
- 计算出每种风险的重要度，我们可以把精力和时间放在重要的风险上；
- 我们可以采取哪些措施，以降低各种风险的几率和破坏性；
- 各种风险指标。这些指标告诉我们有哪些风险正在变成现实。

"风险管理包括许多复杂的措施。"

　　我们将使用图5.1来记录风险的各种方面。通过这个表格让我们能了解我们项目的主要风险是什么？（重要度为9的风险是我们需要率先重视的风险）。然后，在这个基础上，我们可以把图5.1"升级"为"最重要的10项风险"。定期（比如每周）关注这些风险，可以保证我们在开展项目时可以规避开那些最主要的风险。

图5.1　风险管理表格

风险	可能性	破坏性	重要性	行动	指标
	1 = 低 2 = 中 3 = 高	1 = 低 2 = 中 3 = 高	可能性 × 破坏性 （1-9）		

案例 ·················

案例1：加薪方案

在我们运用以上所介绍的方法前，你还可以采取一种简单的方法来预留备用资源，制订备用计划。我们将使用在前几章中所介绍的方法。你可能记得我们在第三章对复杂目标的优先级的讨论，并提出"总有另一条道路"。如果你用这种方式去分析问题，你就会拥有备用计划，不是吗？

让我们假设，比如笨笨是你手下的一名员工，而你希望为他加薪。不幸的是，这不在你的权限范围内，你必须让你的老板相信这样做是有好处的。那么，与其只准备一种说服策略，你决定准备一整套可行的策略去说服你的老板。如果一种策略不起作用，你可以尝试下一种策略。特别当你已经向笨笨作出加薪的承诺之后，你已经无法承担失败的结果，因此制订备用计划变得更加重要。所以你可能决定采取如下措施：

1. 与老板进行一次谈话，表扬笨笨的优点，强调他的工资过低。可能还没等你说什么，老板就主动提出给笨笨加薪。一点都不可能？好吧，更糟的情况下，你必须把你的建议摆在桌面上，让你的老板意识到这件事已经列入你的办事日程。

2. （在私下场合）向你的老板开诚布公地说出你的想法，如果他说"行"，你达到目的，否则，采取措施3。

3. 向老板说明同类企业同岗位的工资，从而说明企业没有为笨笨的工作支付足够的薪金。如果你的老板说"行"，你达到目的，否则，采取措施4。

4. 为笨笨寻求晋升职位的机会——如果这看起来是他的工作能够获得认可的唯一途径。如果你的老板说"行"，那么你的目标实现，否则采取措施5。

5. 如果你的老板不准备给笨笨加薪，你可以建议老板采取其他措施来表彰笨笨的工作，比如分红、优惠购物券、购车补贴等等。如果他说"行"，那么你的目标实现，否则采取措施6。

6. 建议你的老板给笨笨发放奖金或其他奖励，这些奖励与加薪不能相提并论，但聊胜于无。

在这里，我不需要继续讨论下去了。与你的同事们进行半小时的头脑风暴，可以提出来40~50种方法来解决这一问题。然后，从中找出最适宜的方法，并付诸实践。

案例2：对一家企业的商业计划进行风险分析

图5.2为一家企业对其商业计划进行的风险分析。你可以看到所有风险中的第一个问题，就是进行风险分析的人一定要诚实、尽责。否则就难以作出真实可信的风险分析。

那么，你应该怎样做？ ··················

1. 在你所有的计划中，别忘了预留备用资源，可以使用我们在"技巧"一节中所介绍的技巧。

2. 对你所有的计划进行风险分析。

3. 列出"最危险的N项风险"，定期对这一列表进行更新（每周、每月）。

图5.2 对一家企业的商业计划进行的风险分析

风险	可能性	破坏性	可能性×破坏性	行动	指标
1. 企业管理人员的管理水平过低	2	3	6	• 工作业绩检查 • 培训 • 工作质量保证 • 加强管理团队	• 月计划／目标的实现情况
2. 人力资源不足	3	3	9	• 根据市场数据对工作目标进行调整 • 在一月份聘用更多的员工 • 对现有员工的跳舞卡片进行优先排序 • 月计划／目标的实现情况	• 月计划／目标的实现情况
3. 员工病假	2	3	6	• 横向培训 • 为新员工进行体检 • 解决任何现有问题	• 每月因病假而损失的工作天数
4. 缺乏专业知识	2	3	6	• 培训和开发 • 适当而及时地评价	• 工作进展缓慢

风险	可能性	破坏性	可能性×破坏性	行动	指标
5. 办公空间不足	1	1	1	• 开始寻找更多的办公空间和设施	• 无法找到办公桌或会议空间上的人数 • 在内部设施上的超额支出
6. 营业额达不到预期目标	2	3	6	• 每周进行市场监控和调整 • 财务和管理报告	• 月计划／目标的实现情况
7. 竞争	1	2	2	• 密切注意竞争对手的动向	• 发现新的竞争者
8. 员工离职	1	3	3	• 确保岗位福利与同行业平均水平看齐 • 关注员工士气	• 劳资纠纷率超过可接受水平
9. 客户流失	1	3	3	• 更新客户资料管理系统 • 对流失的客户进行走访	• 客户投诉率上升 • 现有客户的流失

风险	可能性	破坏性	可能性 × 破坏性	行动	指标
10. 不现实的项目目标	2	3	6	• 调整项目计划	• 月计划／目标的实现情况
11. 数据安全	3	3	9	• 在12月7日召开会议专门讨论此问题	• 黑客攻击 • 防火墙崩溃 • 内部数据外泄
12. 品牌疲劳	2	2	4	• 由营销部门进行调查，并提出解决方案	• 等待营销部门的报告
13. 资金流	2	3	6	• 保持资金流的稳定	• 月计划／目标的实现情况
14. 市场调整	1	3	3	• 由营销部门密切关注市场动向	• 月计划／目标的实现情况
15. 经济萧条	1	3	3	• 推行紧缩政策——避免浪费和不必要的支出，等等	• 月计划／目标的实现情况
16. 新市场转移的管理	1	3	3	• 坚持执行项目计划	• 月计划／目标的实现情况

6 技巧六

"庖丁解牛"法：有效评估工作的进展状况

你如何知道自己向着目标迈进还是退步了呢？
因为凡事皆分是非，有曲直。本章告诉我们如
何去分辨事情的是与非。

本章理念 ·················

我们所讨论的种种观点——技巧2（"白日梦"法）、技巧3（构建复杂目标的优先级）、技巧4（让组织机器开始运作）。为我们提供了一个完成工作的框架。我们的第5个技巧——建立"最危险的10项风险"清单，指出世间几乎充满着各种意外事件，从而让事情的进展违背技巧2-4差一点让我们相信的坦途。那么，我们需要一种方法，去了解事件的实际进展情况。

同样，教科书从不吝惜对我们的教导——完成百分比、赢利、重要阶段划分、完成工作量、预算超支百分比——各种各样的概念无穷无尽。但是，对于我们来说，从常识性的角度来看待问题会发现有种方法更接近问题的核心。这种方法是说：一旦我们制订了复杂目标的优先级，一旦我们了解谁在做什么，那么在优先级中的每个事件只会存在两种结果，要么成功（完成工作），要么失败（没完成工作）。

现在，你可能马上提出反对意见——你可处于一种中间状态，而这比简单地说"没有完成工作"要好得多。我百分之百地接受你的意见。

然而，说"我处于中间状态"就真的那么有用吗？而我们能比简单地说"我们处于中间状态"做得更好一点吗？

正如我们在第三章所说过的，关键在于把大的工作拆分成小的部分，尽可能地注重细节。比如，你着手一个为期一个月的项目，你告诉我"项目进展中"，在几乎所有的情况下这句话都是毫无异议的。但一个为期2个月的项目可能包括10－15项更详细的工作项目，每个工作项目为期3－4个工作日，那么这时你就可以告诉我许多有用的信息了。

> "关键在于把大的工作拆分成小的部分。"

如果第1个月已经结束，而你们告诉我你们在从事15项工作中的第一项。那么很明显，你的工作出了问题。同样，如果在第一个月结束时，你告诉我你已经完成了第1－7项工作，正在着手第8项工作，那么情况又截然不同了。

因为——幸运的话——你已经尽可能详细地制订了你的项目计划，从而让你能够方便地监督项目的进展。当然，如果你无法保证项目计划的详细和切实，那么你的项目就会变成一个"黑匣子"——你无法明确地了解其中的进展情况。一旦项目缺乏必要的清晰度，那么各种意外情况和

　　　　不做加班族：史上最简单时间管理术

"救火"就会层出不穷。在这种"黑匣子"式的项目中，你无法建立真正的早期预警系统。

在这存在的另一个问题是判断"工作完成"的整套标准。我们可以使用技巧2（"白日梦"法）来帮助我们。清楚地了解一个大的项目的最终目标是重要的。同样，清楚地了解项目中每项具体工作的目标也是重要的。每项具体工作都应该具备"可完成性"，具备某些切实可行的，可控制的衡量标准，这些标准的实现意味着这项工作的完成。

技巧 ·················

对工作进展的评价

在前面的章节里，我们已经提到过第一种方法。当评价一个项目的进展时我们不能使用"正在完成"，"60%完成"或其他任何含糊的标准。我们应该把一个项目分解为更小的具体工作。每个项目的评价标准应该为"完成"或"未完成"。如果某些人想采用其他方法，我们应要求他们把项目分离为具体工作，并且每项工作的状态可以用"完成"或"未完成"来进行评价。

在开始时，人们可能会对这种评价方法感到陌生，你必须对他们进行培训，让他们理解你的用意。你为什么采取这种措施，以及这种措施的意义何在。我相信你会发现，当人们发现这种做法的效果以后，会更愿意采取这种评价措施。比如，你可能要求员工们在每周例会上报告项目进展情况。但是，人们不愿意在每周的会议上报告"项目尚未完成"。如果把项目分解为具体的工作内容，那么人们就可以每周报告他们的工作进展情况。

变好与变坏

我们不仅可以把工作状态评价为"完成"或"未完成"，也可以评价为"更好"与"更坏"。"完成"与"未完成"是对工作状态的一种"即时快照"。而如果我们对一个时间段内的工作状态感兴趣，我们就可以使用"更好"或"更坏"的评价标准。比如，让我们假设你的企业正经历着资金短缺的危机。你会急切地想了解几个重要的指标：

- 成本减低了吗？
- 营业收入提高了吗？
- 公司盈利发生了哪些改变？

• 资金链的情况如何？

"你会急切地了解几个重要的指标。"

每天、每周、每月你都来问问"变好"或"变坏"的问题，能够帮助你了解事物的发展趋势。把这些问题的答案绘成图表，情况就会变得异常清晰。

案例 ·················

案例1：监督工作进展

我们已经讨论了把大的项目分解为小的具体工作，并使用"完成"或"未完成"的标准对这些工作进行评判的技巧。在这方面，还有一个问题值得一提：比如，你每周召开会议，要求员工必须参加并报告他们的工作进展情况。（通过书面报告工作进展也可以）。如果某些员工每周都报告他们所负责的某项具体工作"没有完成"，那么相应的压力（来自同事和他们自身）会让他们更专注于这些工作的完成。

案例2：降低压力（技巧1）

你可以使用这项技巧和技巧3（构建复杂目标的优先级）来帮助你降低压力。在第三章中，我们讨论了把复杂目标的优先级看成一个链条，我们从中选取需要完成的工作。根据技巧6我们可以把各项工作分为"必须完成"和"非必须完成"两类。现在，对于"必须完成"的工作，让我们着手完成。对于其他工作，其他人必然会去完成。在这种情况下，既然你对这件工作无能为力，就不要为它操心，直到别人完成这项工作，正像一位高僧所说："如果你可以解决问题，如果你可以为眼前的形势做些事情，那又何须担心。如果你对问题无能为力，你的担心也毫无帮助，那你的担心，又有什么益处呢？"

这个技巧的一个推论甚至更加严密。如果你发现下一项工作需要其他人来完成，那么问自己一个问题，你可以为这项工作做些事来帮助这项工作的完成吗？（即使这项工作属于他人）。如果是的话，那么把这项工作放进你的工作链。但是，如果在这项工作中你真的无能为力的话，那么由它去，直到他人把这项工作完成。

不做加班族：史上最简单时间管理术

案例3：降低压力（技巧2）

通过判断工作"变好"还是"变坏"（与它们之前的状态相比），你可以减轻自己的工作压力。工作的状态在恶化，还是出现了转机并开始改善？

案例4：处理问题

"变好与变坏"让我们在处理问题时找到了一种有益的方法。在开始时，我们可以问自己："如何最简单地解决这个问题？"然后，如果我们感到这种解决方案不可行（出于任何原因），我们可以寻求复杂一些的解决方案，比如改变问题中的一个变量。这会产生一个新的，可能更复杂的解决方案。我们可以一直这样做，直到我们产生一系列解决方案（从最简单的到最复杂的）。然后，我们从中筛选出最符合我们需要的解决方案。

那么，你应该怎样做？ ⋯⋯⋯⋯⋯⋯⋯

1. 以"完成"和"未完成"的标准，来监督项目的进展状态，在必要时把大的项目分解成更具体的层次。

7
技巧七

双赢的思考模式：从利益相关人的角度看问题

在第一章中，我们说过要用简化的视角去看问题。而双赢的思考模式就是一种简单的方法。几乎我们做的每件事都会牵涉到其他人。从他们的角度看问题，能帮助你有效地分析问题和执行策略。

提问 ··················

本章问题得分及答案，参见本书附录。

问题1

你加入了一家新企业，你发现你手下的一名员工的薪水过高，与他的工作非常不相称。你了解到这名员工非常稳定，乐于在这家企业工作。你还了解到他非常通情达理。你决定把他的工资水平下调到与其他同事相同的等级。你认为他最初时会对这个决定感到非常不安，但最终能够理解你的决定，一切归于风平浪静，真的会这样吗？

(a) 对，这取决于他对在企业中工作的满意度。再加上他是一个通情达理的人。

(b) 他会勃然大怒，辞职并把你告上劳资法庭。

(c) 这场风暴将比你预料得更猛烈，你被迫做出让步，降低调薪的幅度，然后，一切就过去了。

(d) 你睡了一觉，第二天醒来时发现你的想法太疯狂。"让睡着的恶犬接着睡吧。"

问题2

你加入了一家企业，你老板的政策是"仅知道你需要知道的"——只告诉员工们在工作中必需的信息（尽可能少的信息）。而你的观点恰恰相反，你的做法是让每个员工都了解工作的整体情况和自身在其中所发挥的作用。你想转变老板的行事作风，但你不知道这有多重要，在不考虑其他因素的情况下，这件事的重要性如何：

(a) 高重要性。

(b) 中重要性。

(c) 低重要性。

(d) 无关紧要，无重要性，因为事情往往就是这样，而你必须随遇而安。

问题3

以下哪种行为最糟？

(a) 向上级领导报告坏消息（报忧不报喜）。

(b) 向上级领导报告好消息（报喜不报忧）。

(c) 不向上级领导报告消息。

(d) 突然告诉上级领导（坏）消息。

本章理念 ··················

最后的这条技巧有着古老的历史。有趣的是世界各大宗教的教义中都提到了这条技巧。

比如，你可能听说过《犹太法典》，这本20卷的著作被称为犹太教的"百科全书"。《犹太法典》中有一篇故事，讲一个异教徒来到拉比（犹太教学者）的门前，单腿独立，请教犹太教的教义。他提出尖刻的问题，对犹太教肆意嘲笑。拉比的一名学生要把这名异教徒赶走。然而，拉比泰然自若地回答："己所不欲，勿施于人——这正是犹太教的精髓，其他教义只是对它的补充。现在，坚持你的学习吧。"

佛教对这一技巧也有同样的观点。一位高僧说过："我认为同情并不仅仅是一种促进感情的方法，一般来说，当你应对任何层次的人士时，如果你遇到了某种困难，那么把你放在对方的位置，去考虑对方可能采取的反应，是非常有效的。"

最后，众所周知，"己所不欲，勿施于人"的精神也被基督教所推崇。

之前我们所深入讨论的六项技巧告诉我们如何实现我们

的目标。而人们的反应将决定这一进程的难易。如果人们士气高昂，充满热情，可以挪走一座大山。在另一方面，如果人们并不热衷于他们所着手的事，在极端的情况下，他们将归于毁灭。所以，本章的理念很简单，那就是用对方的角度来分析问题，并对自己的计划和行为做出必要的调整。下一节将会告诉你如何去做。

> "如果人们士气高昂，充满热情，可以挪走一座大山。"

技巧 ···················

双赢的思考模式

我们再一次引用高僧的话，他非常简明扼要地介绍这种技巧："这种技巧要求我们有能力暂时跳出自己的观点，而站在他人的位置想像他人在这种情况下将会采取怎样的应对措施。这有助于你意识到并尊重他们的观点，从而避免人际冲突和问题。"

我的编辑，理查尔·斯托克，用另一种方法来说明这个道理："别以为自己知道一切……要虚心向他人学习。"最后，斯蒂芬·柯维在他的畅销书《成功人士的七个习惯》中也阐述了这一道理。他的七种习惯之一就是"双赢的思考方式"。

最大程度地扩大利益相关人的相关利益

我们在第二章讨论"了解你要做的事是否符合其他人的相关利益"时，曾介绍了这一概念。为了提醒读者，利益相关人是指所有被你准备进行的事所影响的人。每个利益相关人都具有一系列相关利益。相关利益是指利益相关人想从你准备进行的具体情况中获取的某种利益。各种相关利益很可能互不兼容。只要与北爱尔兰人或中东人进行一次心平气和的交流，任何人都不难理解这一点。所以，既然各种相关利益难以共存，我们要做的就是寻求让各方都能够接受的相关利益。你会记得，我们在第二章案例1中介绍过相应的方法。

案例 ·················

案例1：召开例会

借助我们的各项技巧，现在我们可以知道如何成功地召开一次会议。我们也可以运用我们的技巧来避免一个失败的会议——浪费了大家的时间，却毫无价值。

要召开一次成功的会议，我们需要：

1. 确定会议的目标。（技巧2："白日梦"法）

2. 确定为了完成目标而需要做的一系列事务。（技巧3：构建复杂目标的优先级）

3. 要完成这些事务所需要的人员（技巧4：让组织机器开始运作）通过技巧3和4，我们可以知道要哪些人出席会议。

4. 技巧3和4也让我们确定会议日程。包括每个议程的时间限制。根据技巧5"建立'最危险的10项风险'清单"，我们应该为整个会议预留些富余时间。

5. 公布会议的目标、日程、时间限制和每个与会者在会前的准备事项。（技巧7：双赢的思考模式）

6. 召开会议，按照你所确定的日程和时间限制推进会议的进行。（技巧4：让组织机器开始运作）

不做加班族：史上最简单时间管理术

7. 根据会议讨论结果，整理行动提纲。（技巧3：构建复杂目标的优先级）

8. 在规定时间内结束会议。如果你正确地完成了以上行动，那么你已经完成了会议的目标。

当别人请你出席一次会议时，问问会议的目标是什么？为什么让你出席？换句话说，他们为什么认为你会对会议做出贡献？你必须进行哪些准备工作？会议将持续多长时间？如果你无法就以上问题得到合理的答案，那么你很可能无法实现你的目标。在这种情况下，请参见第二章开头处的问题1。

案例2：选择正确的项目

项目是当今的热门。每个人都开始运用项目管理的语言："最终期限""里程碑""甘特图"等等。人们往往因为项目中蕴藏的商业利益而启动（或准备启动）一个项目。明确这些商业利益可以帮助我们选择正确的项目。而不了解项目的结果，只会让我们浪费时间、资金、资源，让很多人不高兴。

我们讨论过的两个技巧可以帮助我们选择正确的项目——技巧2"'白日梦'法"，技巧7"双赢的思考模式"。知道要去做什么让我们明确了想要从事的项目类型。从利益相关人的角度去分析问题，让我们能够选择最适合我们的项目。（参见第二章案例1）

案例3：项目进展报告

项目进展报告中似乎存在着两种"指导思想"。一种是"什么都不说"，另一种是"什么都说"。有趣的是，这两种指导思想有一点上是相同的——它们最终都不会让你获得任何有用的信息。在第一种情况下，是因为它并没有提供任何有价值的信息。而在第二种情况中，是因为它提供了过多的信息，而让你无法获取整体的事实——"见木不见林"。技巧7告诉我们：必须让其他人了解我们正在进行的工作。这并不是说我们必须告诉每个人每件事情，而是告诉我们不能让其他人对项目情况一无所知。

那么，既然我们不能告诉每个人每件事，我们又应该如何去做呢？好的，我必须以某种方式对信息进行过滤，让我们传递的信息不会被伪装、被误解、被隐瞒，甚至是非颠倒。根据我的经验，大多传统的项目进展报告，无论书面的，还是口头的，都会出现这些情况。一般来说，这些项目进展报告让人们觉得发生了许许多多的事情——我们做了这个，我们做了那个，发生了这件事，还有那件事。（传递的信息是："我们正在赚我们的钱。"）并非发生的每件事都是好事，所以项目进展报告都急切地报告不好的意外情况的发生。（传递的信息是："我们真的在赚我们的钱。"）但是这些报告必然有一个大团圆的结尾。让人感觉不管发生了什么事情，都会万事大吉，换句话说，很少有项目报告准备去报告坏消息。

一般来说，人们会对以下几个方面的情况感兴趣：

- 我能完成我要做的每件事吗？如果不能我可以期待何种结果？
- 项目会按时完成吗？如果不能，那么我能期待何种结果？
- 项目的成本情况如何？过高？过低？还是适当？
- 我所进行的工作是否能够满足我们的需求？

在报告项目的进展情况时，你需要传递人们感兴趣的信息。你不仅需要告诉人们项目的当前状态，也要让他们了解项目的发展趋势。通过对项目趋势的真实报告，人们不仅能了解项目在今时今日的状态，也能了解项目在未来出现的状态，从而不会让任何人对项目的最后结果感到意外。

最后，项目报告的对象是谁？是所有的利益相关人，我们在前文给出了这一定义。一般来说，我们至少要考虑利益相关人。第一是你自己——负责整个项目工作的人，第二是客户，你为了他们而开展项目。最后，是你的老板，以上各方面都应该能够了解项目的进展情况，但他们所获得的信息并不一定相同。

首先，你自己需要先了解项目的进展情况。技巧6"'庖丁解牛'法"能够帮助你做到这一点。然后，通过他们的角度来判断项目的进展情况（技巧7），你就能够向他们传递项目状态的有效信息。他们能够理解这种信息（因为这些信息真正从他们的角度出发），并通过这些信息了解项目状态（因为这些信息表达了事实）。这些信息追求事态的澄清而不是隐瞒和歪曲。

图7.1摘取了项目状态报告的一些内容。它告诉我们怎样让人们既了解项目的当前情况，又了解项目的未来趋势。

案例4：市场营销

市场营销正是要求你从潜在客户的角度去分析你所出售的产品/服务。从本质上来说这很简单：你可以为你的

图7.1 项目状态报告

状态报告
项目：大产品 V1.2
报告：14
日期：2007年10月21日
项目经理：弗兰克
团队：雷切尔，蕾比，史蒂夫，玛丽
分送：以上各团队及人员，伯纳黛特、休、丹、彼得、泰德

整体状态：

明确产品要求	设计工作	开发工作	测试工作	有限产品发布
完成	完成	完成	进行中	未开始

最近日期为：
测试工作结束于2007年11月17日
具备基本销售能力（在有限产品发布截止日）——2008年1月19日

趋势：
完成日期——调整历史记录

发生调整日期	调整原因	进入有限产品发布日期	具备基本销售能力日期
	原定日期	2007年5月1日	2007年9月1日
2007年5月9日	参见项目计划第1节	2007年11月24日	2008年1月23日
2007年5月27日	增加1人，为期两周	2007年11月12日	2008年1月12日
2007年7月2日	由玛丽小组提出的一些改进意见	2007年11月3日	2008年1月5日
2007年10月14日	开发时间表顺延	2007年11月17日	2008年1月19日

技巧七：双赢的思考模式

潜在客户解决一个或多个问题。这些问题往往围绕三个方面：赚更多的钱、获取市场份额、让他们的生活更轻松。如果你能把自己放在他们的位置上（由你的销售力量进行的市场调查和信息收集工作）。如果你能理解他们在以上各方面存在的问题，并知道自己可以如何为他们解决这些问题，那么你就很可能赚到更多的钱，获取更大的市场份额。

案例5：制订和执行项目计划

如果有人要求你去制订和执行一个项目计划——一个包括相当多内容的项目——你实际上需要应用我们全部的七个技巧。当你接手一个项目时，重要的是要注意到你实际上是接手了两件事。其一是这个要求本身——"请完成某某项目"。其二是我称之为"打包"的事务，或称之为"确定限制条件"。这件事用普通人的话来说，就是项目必须在某日之前，某个预算内利用某些有限的资源来完成。

我认为：如果你尝试一边考虑各种限制条件，一边又要制订和执行项目计划，那么你会让自己陷入巨大的困难之中。因为在制订项目计划时，你会考虑你所需求的所有时间，所有资源，预算等等。而在另一方面，"打包"工作会让你知道，你没有足够的时间，预算和人手。

所以，我们要做的，就是分别处理这两项工作，首先，理解项目的需求，并根据你的理解和各项限制条件，对项目做出合理的决策。我们所讨论过的"常识性"技巧可以帮助你做到这一点。

那么，让我们假设我们已经接手了一个项目。我们先把项目的各种限制条件放在一边，而把注意力集中在项目计划的制订上。技巧2"'白日梦'法"。准确地说，项目中包括哪些工作内容？不包括哪些工作内容？此外，根据技巧7"双赢的思考模式"，我们可以"最大程度的保证利益相关人的相关利益"。我们可以确保我们所计划的项目可以为各个利益相关人提供最佳的利益回报。

接下来，我们运用技巧3"构建复杂目标的优先级"去确定完成项目目标所需要的一系列工作内容。然后，根据技巧4"让组织机器开始运作"让我们能够保证在项目计划中的每项具体工作都有专人负责，并且相应的人员应具备充分的时间和能力去完成其负责的工作（使用跳舞卡片是一种好办法）。

我们还可以借助技巧4，最大程度地发挥集体的力量，技巧5"建立'最危险的10项风险'清单"告诉我们要为我们的项目预留备用资源，或制订容错机制。

到这，我们已经对项目的要求进行了充分的分析。我们已经对如何开展这个项目做出了最明确的规划。（注意，我们可以借助多种方法来表达这一规划。比如甘特图（谁—何时—做什么），电子表格（谁—支出—什么—何时—谁—收入—什么—何时），一个条形板（我们在第四章进行了介绍），等等。现在我们可以应对各种限制条件了。

一般来说，人们对项目的计划往往不能适应各种现实的限制条件。人们经常会把项目计划扔在脑后，而去接受种种限制条件。这种行为代表他们默认了自己的计划是错误的，而全然不顾一个事实——这个计划代表着所有利益相关方的最佳利益。

我们的各项技巧告诉我们这样做是错误的。技巧6"'庖丁解牛'法"告诉我们计划并不会与各项限制条件相符合。同时，我们也不能忽略种种令人不愉快的事实。正确的做法是说这个计划代表着项目的最佳结果。那么，根据这一点，我们应该如何应对种种限制条件？我们能够为项目调集更多的人力、资金或资源吗？我们能减少项目的工作内容吗？我们可以下调质量标准（或其他变量）吗？我们问自己这些问题，直到项目计划与各种限制条件相符合。换句话说，直到我们得到一个符合种种限制条件的切实可行的项目计划。

回到第7条技巧"双赢的思考模式"，我们向项目中所有的相关人员公布项目计划以及他们在其中发挥的作用。现在我们已经为开展这个项目做好了准备。我们确定了游戏规则，我们有机会在游戏中获胜。（但如果我们无条件地接受了种种限制条件，那么我们在很多时候从一开始时就输掉了这场游戏，所有投入到这场游戏中的人力资源、资金和时间都成了浪费）。

开展一个项目，我们就必须执行我们制订的项目计划。技巧6"'庖丁解牛'法"，让我们随时了解项目的进展情况。技巧2"'白日梦'法"，确保我们随时了解项目的调整情况（一般来说，在整个项目期间，由于林林总总的原因都可能存在着对项目的调整。比如，他们开始时忘记了某项工作的要求；我们原本计划的并不是我们真正需要的；业务调整；市场发生改变；技术出现革新；我们对某种作法进行了改进；某件事的预估与实际发生结果严重不相符，等等）同样，技巧7"双赢的思考模式"让我们能够使用有效的方法向各个利益相关人汇报项目的进展情况。

最后，当项目结束时，我们要花一些时间进行回顾、总结。记录实际发生情况与计划之间的差距，从而为下一次制订项目计划打下基础（参见第三章）。

案例6：常识性时间管理

大约10年前，人们提出一种理论，说过不了几年我们就会有用不完的空闲时间了。那是因为各种各样的省力设备（特别是计算机和计算机控制设备）会让我们免于各种琐事的打扰。有趣的是，你现在再也听不到这种理论了。就像城市中的一对普通夫妇，一大清早就要起床、洗漱、做饭、把孩子送到各个学校或幼儿园，加入上班的堵车大军，工作8个小时（如果他们够幸运），然后在夜晚再把各种生活琐事重复一遍。

仅仅作为一个旁观者，我认为在这一理论及许多其他关于现代社会的理论中存在的一个基本漏洞。技巧1"'电梯自我营销'法"让我们并不难于找出这个漏洞。有一个例子可以充分地说明这一点。

你可能还记得"无纸办公"的概念。这一概念在二十世纪八十年代特别受人欢迎。它是说只要给员工足够的计算机、足够大的磁盘空间、高速打印机、复印机、局域网，其结果就是文件夹和纸张的消失。你可以在电脑中找到所有的文件。但只要简单地想一想，你就会发现这个概念有多荒唐。如果你让员工拥有（使用计算机、网络、打印机和复印机）去制造和传递大量纸张文件的能力，那他们会怎么做？他们当然会制造和传递大量的纸张文件。

就像交通上一样，你制造大量的汽车，修建大量的工路，从而让人们拥有更大的交通能力。那么人们会怎么做呢？他们会开动更多的汽车，塞满更多的道路。同理，让我们回到时间管理的讨论上来，如果你让人们拥有更快的沟通能力，他们会怎么做呢？人们会尝试利用这种能力在更短的时间完成更多的工作。这会让人放松吗？你不能把"在更短的时间里完成更多的工作"看做是一种放松的途径，不是吗？

让我们回到我们的主题："常识性"时间管理。如果你只能从本书中学到一件事，那应该是你不能/不许/不应该让其他人偷走你的时间。在你的一生中，或你的职业生涯中，你都（我假设）要去追求一些目标。只有当你拥有足够的时间，你才能实现完成这些目标，否则你的一生/你的职业生涯必将一事无成。

我们讨论过的各项技巧让我们可以为时间管理构建适当的框架。这一框架包括两步。首先，明确你的目标，然后，实现目标。我们可以把第二步分解为年度目标、季度目标、月目标、周目标和日目标。让我们运用之前讨论过的各种方法来逐个实现各个目标。

明确你的目标。我们已经在第二章，案例3中探讨这个问题。通过实践这一案例中所介绍的方法，你可以确定一系列目标。在理想情况下，这些目标将包括你的人生的方方面面，而不仅仅在于职业发展或业务方面。

实践——年度目标

在每年开始时（或者就是现在，如果你希望掌控自己的人生），把你想去完成的目标列在一张跳舞卡片上，并根据优先等级进行排序。你必需估计完成每项目标所必需的工作。（参见第三章，案例1）

现在，如果跳舞卡片显示你的工作量超过你可以支配的时间，你必需应用在第四章案例1和2（轻松生活）中所探讨的理念1，从而让时间和工作量获得平衡。也就是说，你必需让工作量与你可支配的时间大致相等，从而获得"切实可行"的跳舞卡片。在这里"切实可行"实际上意味着两件事。其一，是你不需要放弃某些重要的事情（如家庭生活）以换取更多的工作时间。其二，你不会接受一种"过劳"的情况。（记住，工作量超过60%，如图4.5，意味着每周要多工作24小时，以完成所有工作）

实践——月目标（或周目标）

通过以上的估计，你已经明确了完成每个目标的工作量。其次，你可以把这些工作形成工作链。此外，如果你实现了跳舞卡片的平衡，意味着你所计划的每件事都具备可行性，即有足够的时间来完成这些事。（否则，如果你工作量严重超标，那么继续以下的活动就毫无意义了）

现在，从每个工作链中摘取当月（当周）所要完成的工作内容。把这些工作列在你的日程表中，（你也可以把它们列入一张跳舞卡片，这张卡片应该以日或周为单位，而不是月份。平时，有些人可能会使用多种工具来管理日程，如日程表，掌上电脑或个人电脑等等。请不要这么做，坚持使用一种工具来管理你的日程。"列入"是指把工作链中需要当天完成的工作通过日程管理工具显示出来。同样，注重年度跳舞卡片的平衡也保证了你充分的时间来做这些事。

实施——日目标

你能否在正确的时间完成正确的事，取决于你每天的工作情况。首先，在每天早晨（或者更好，在前一天晚上）查看你的日程表。你会发现有你需要在当天完成一系列工作。这些工作有的来自你的工作链，有的来自你的收件箱（参见第四章，案例1）。现在，把这些工作分为4类。

A——紧急和重要的工作。必需在当天完成。

B——最好在当天完成。

C——我肯定不会在当天做这些事。

D——可以委托他人完成。

现在，先完成A和D类的工作。就是这么简单，你也许会遇到一些问题，让我们看看我们是否能预测和回答这些问题。

如果当天还有剩余时间怎么办？你可以着手B类工作。然而，更聪明的做法是翻到第二天的日程表，对工作进行分类，然后着手A类和D类工作。这会保证你把时间和精力放在真正重要的事上。

要是你突然接到了新的工作任务怎么办？对工作任务重新进行A/B/C/D分类。同时，如果为每天的日程预留一些备用时间（参见第四章，案例6）从而确保你的日程不会被意外情况破坏。

要是到一天结束时，还有A类工作没有完成怎么办？在这种情况下，这些工作可能并不是A类工作。当日事，当日毕——这正是"常识性"时间管理的本质。但是必需绝对严格地区分哪些事必需在当天完成。

最后，记录下你的时间的真正应用情况。跳舞卡片是做这件事的好办法——只要增加几列来记录实际发生的情况，从而帮助你在今后制订日程和计划。

案例7：压力管理技巧

保持优越感（总有人比你更糟）

我们在第六章讨论过"更好，还是更坏"的问题。一般来说，不管你的情况有多么令人沮丧，在世界上都会有人境遇更糟。每天，都有成千上万的人死于饥饿、疾病、痛苦、刑罚、疏忽、虐待、孤独。我们大多数时候都不会面临此类问题。所以，下次你感到工作压力大时，看看报纸或电视新闻吧。

从一年后来看

技巧7"双赢的思考模式"，想像你一年后的样子。如果有一件事让你忧虑，那么想像一下它一年后的样子。那时你会记得它吗？想像得越具体越好，看看是否能为你带来新的灵感。

马拉松选手

我曾经跑过马拉松（必需说，跑得不好）。现在，我相信跑42公里是一个多荒唐的想法。所以，与其想着前面所有令人厌倦的赛程，马拉松选手运用技巧3"构建复杂目标的优先级"。不要为未来所有的工作而担心，只要先做好眼前的工作。对于马拉松选手来说，这意味着把你的目标放在下一个电线杆、下一棵树、下一个里程点或饮水站。然后，再把注意力放在赛程的下一个阶段。

和其他人谈一谈

同样是技巧7，正如一句谚语："与他人分享你的问题，意味着你的问题减半。"

案例8：项目和项目计划的评估

你可能越来越频繁地面对评估项目计划或项目进展情况的工作。比如，一个分承包商会就一个外包项目提出一个项目计划。或者企业可能要求你对一个商业计划投资

　　　　　　　　不做加班族：史上最简单时间管理术

项目或特定的业务活动做出评估。或者这一项目已经在进行中，而你需要判断出项目进行得是否顺利。在这些日子里，我们常常需要在非常复杂或专业的情况下（并且我们个人可能对这种复杂性和专业性并不熟悉）做出决策。那么，我们如何做出正确的决策呢？我们的"常识性"技巧能够帮助我们拨开重重的数据迷雾，而找到我们真正需要的信息。

有时人们似乎把这称之为"直觉"或"第六感"。直觉并非是在黑暗中的胡乱摸索，而是对于某些重要因素的感觉。以下是对这些因素进行评估的方法：想像你出席了一场报告会，或阅读一份报告，或考虑一个投资项目，你需要去寻找什么呢？

1. 技巧2 "'白日梦'法"。告诉我们在信息的涡流中最好要有一个目标，一个方向。这个目标必需具备两个主要特征。首先，它必需相当明确，也就是说可以毫不含糊地进行表达，并明确判断完成的标准。当我们跨过终点线时，不会有任何混淆或疑虑。比如，利益相关人对项目的结束标准的构成存在混淆，就意味着这一要求的典型要求。其次，这一目标必需具备连续性，也就是说，在项目期间

所发生的任何调整都应该累积成为最终目标的一部
分。

2. 技巧3"构建复杂目标的优先级",告诉我们应该能
够在最终目标和现在状态之间找到一系列有序的活
动。我可以通过多种方式来体现事物的优先级,在
本书中已经介绍的方式有:

- 甘特图——谁—何时—做什么
- 条形板——谁—何时—做什么
- 电子表格——谁—何时—收入/支出—什么

3. 项目计划的详细程度必需能够让我们确信:某些人
已经对项目中必要的各项工作进行了分析。计算机
生成的华而不实的图表不代表一切——除非它们能
为你提供有意义的细节。

4. 技巧4"让组织机器开始运作"告诉我们,项目应该
具有一名领导人,并且每项工作都应该有具体的负
责人员。同样,人员必须有足够的时间完成相应的
工作。也就是说,不仅要为各项工作指定人员,你
还需要了解每个人员可以为该项目投入多少时间。
注意,通过对第2点和第3点的计速,可以快速反映
出项目的核心情况。第2点会告诉你需要完成多少工

作量。而第3点告诉你有多少可供支配的人力资源（即有多少人手，可工作多长时间。这两个数字必需相互平衡。）

5. 技巧5"建立'最危险的10项风险'清单"。如果项目计划没有预留备用资源或建立容错机制，那么我们将应该立即拒绝这份计划。

案例9：看得到，并不一定注意到

这个案例提出一个更常见的问题——如何注意到我们眼前的问题。要做到这一点，可能最好的办法就是运用技巧7"双赢的思考模式"。比如，尝试想像自己改变了性别后的一天，特别是工作的一天。

案例10：思维导图

思维导图可以有效地帮助我们学习、分析问题和更清晰地思考。顾名思义，思维导图通过模仿人类的思维方式，从而记录我们的思维过程和结果。因此，文字、图片、颜色和符号都可以成为思维导图的一部分。尽管绘制思维导图需要遵循一些简单的规则，但思维导图往往会由于绘制者的个性而各不相同。

要绘制一张思维导图，你需要遵循以下规则：

- 把你考虑的内容写在一张图的中心。

- 由中心放射出多条分支，每条分支连接一个主要想法。

- 把每个立要分支再细分成下一层的想法分支。

下图为思维导图的一个简单范例。

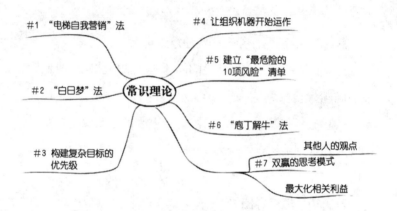

我希望你能看到：通过思维导图，你可以根据一个给定的主题产生大量的想法，为了掌控这些想法，并使其结构化，思维导图产生了"基本优先级思想"（BOI）概念。因此，一旦你明确了你所考虑的主题，下一步就是确定你的"基本排序理念"。这是指在所有可组织的概念中最重要的那些概念。要运用常识理论来绘制思维导图，我建议你

　　　　不做加班族：史上最简单时间管理术

运用两种方法。一种方法是把我们在第一章介绍的简单问题作为BOI，即"谁/做什么/为什么/在哪里/什么时候/怎么做/哪一个？"另一种方法是使用各条"常识性"技巧，如下图（主题为提高销售业绩）。

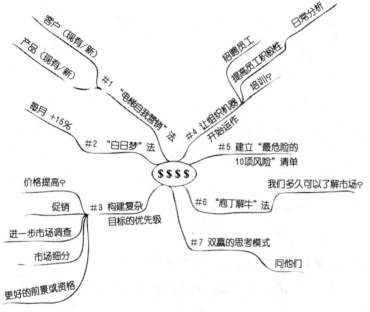

即通过思维导图可以帮助我们产生大量的想法，而借助我们所介绍的BOI，可以帮助我们有效地关注任何问题的重点。

案例11：直觉

直觉或信赖你的本能是一种有趣的技能。一些人高度重视这种技能，而其他人却对它不屑一顾。哈佛商学院的研究表明，大型国有企业和跨国企业的高级管理人员把他们80%的业绩归功于他们的直觉。而其他学院却把直觉视为懒于对事实进行适当的整合和分析时的托词。当我们运用我们的直觉时，大脑会处理我们一生中所积累的大量信息。根据与当前情况相关的数据，大脑会为当前问题提供一个"解决方案"。我们会把这一"解决方案"转换成系列生物反应，并被人们解释为"直觉"。然而，这种"直觉"带来的"答案"却常常让我们走向成功。

通过案例20中的思维导图，我们为大脑提供了最广泛的信息，从而为正确的决策打下基础。

案例12：构建快速成长的企业

在1999年9月6日的《财富》杂志中，有一篇关于美国快速成长企业的文章。这篇文章总结了这些企业共同具备的7种特征。你会发现我们可以在这7种特征的后面明显地看到各项技巧的影子。但是，在这个阶段，你可能不会再对此感到意外。

不做加班族：史上最简单时间管理术

1. 这些企业总是言出必行。（技巧7：双赢的思考模式）。比如，面对你的客户，无论当时的情况看起来如何，他们实际上并不期待奇迹。（是的，这是真的）他们真正所期待的只是你能完成你让他们相信你能完成的东西，你能满足——你为他们所确定的预期。

2. 这些企业从不空言许诺（技巧7：双赢的思考模式）。这一点与前一点并无太大不同。在这篇文章中，这个因素特指这些企业对金融机构/华尔街做出的承诺，以及其后对承诺的履行。

3. 这些企业注重小节（技巧3：构建复杂目标的优先级）。如果你还记得，我们在第三章就如果理解计划的细节进行了大量的对话。在这些日子里，在很多情况中，时间甚至比金钱更宝贵。知道我们把时间用在哪里，确保这些时间用得明智，避免浪费时间，和被迫"救火"。

4. 它们构建一座"城堡"。这座"城堡"是为了保护你的业务，尤其为市场的进入者构建壁垒。（技巧5：建立"最危险的10项风险"清单）。这正是因为好计划并不意味着一路顺风。保持一种健康的运转状态，总是准备好紧急备用资源，随时小心最重要的10项风险，从而让你的"城堡"坚不可摧。

5. 它们营造一种文化（技巧2："白日梦"法）这一因素关于这些快速成长企业所营造的一种企业文化。在各个快速成长的企业中，都刻意营造一种企业文化，有些是正式的，如希柏（Siebel）软件公司，有些是非正式的，像休闲制衣企业——美国之鹰（American Eagle）。

6. 它们从它们的失误中汲取经验（技巧3：构建复杂目标的优先级/记录实际的发生情况）。

7. 它们塑造了它们的传奇。这同样是确保投资者/金融分析家不会对某家企业感到不安，而是保证企业的运转和快速成长。同样是技巧7"双赢的思考模式"。正如文章中所说："当一家快速成长的小型企业的金融状况让人们感到不安时，人们的第一选择是撤资……而当一个投资经理看到其他投资者帮助企业走出困境时，他的第一个想法是：'那家伙是不是知道哪些我不知道的事，他们不会等到真相浮出水面。'"

　　　　　不做加班族：史上最简单时间管理术

案例13：谈判

人们对于谈判的传统看法往往是进行大量的口舌之争，直到实现你的目的。"你不会得到你应得的，"一本飞行杂志的广告语这样说道，"只会得到你所要求的"。谈判是某种你与其他人之间的对抗行为。就像一场让人鼻青脸肿的对抗性体育运动。

根据技巧7"双赢的思考模式"，告诉我们这可能不是谈判的最好方式。由费希尔（Fisher）和尤里（Ury）撰写的关于谈判技巧的著作《走向共赢》（Getting to Yes），根据哈佛大学的研究成果，介绍了一种包括四个阶段的谈判技巧，称为"要点谈判"。这种谈判技巧的目标是形成一种"明智的共识"。"明智的共识"的定义为："尽可能满足双方合理的利益，公平地解决双方的利益冲突，考虑双方共同利益的，可持续的协定"。与其为了自己的观点而穷辩，这一技巧提出："看，我们面临这样的问题——如何以一种共赢的方式来解决问题？"在某种程度上，这正是我们讨论过的在最大程度上保证利益相关人的相关利益。要点谈判技巧的4个步骤与我们的常识理论技巧不谋而合。这4个步骤分别是：

1．对事，不对人。

2. 注重利益，而不是胜负。

3. 在最终决策前，先提出一系列可能的解决方案。

4. 根据某些客观的谈判标准去争取最终的谈判成果。

根据我们的各项技巧，我们可以把这些步骤改写为：

1. 技巧2"'白日梦'法"，及技巧7"双赢的思考模式"，可以让我们准确地（相互）理解我们要去解决的问题。我们也许并不喜欢我们的谈判对手，但我们可以通过他们的视角去看问题。而我们可以看到，为了实现"明智的共识"，必须考虑对方看问题的角度。技巧7"双赢的思考模式"，让我们有能力收集所有与谈判相关的数据。我们不仅能够理解正在讨价还价的一个"点"，还能够从更广阔的一个"面"去了解对方的利益——哪些事情对于他们更重要，哪些事情必然要成为最终协议的一部分。在把这些信息统一到一起后，我们就能够完全理解我们试图解决的问题。（技巧2："白日梦"法）

2. 在第三章，当我们讨论技巧3"构建复杂目标的优先级"时，我们谈到了"总会有另一条路"。与其只为了单一的解决方案而展开舌战，还不如提出一系列可能的解决方案。让谈判成为一次创造之旅，而不要让它成为充满否定的痛苦跋涉。不断地问："我们还有另一种方法来解决这个问题吗？"

3. 技巧6 "'庖丁解牛'法"告诉我们如何去选择最适当的解决方案。它是否能够满足谈判各方的利益。通过使用一些客观的标准，比如同样的手段、同样的牺牲、专家选择、市场价值、先例，等等，我们可以判断出解决方案是否可以被各方所接受。

案例14：报告会

你知道自己很忙。其他人也很忙——从来没有足够的时间去做那么多工作。现在，如果人们愿意放弃他们无比宝贵的时间来听你说些什么，你最好保证你所说的话值得一听。

我不知道你是否发现这一点，但是以我的经验，优秀的报告会是一种珍稀品种。相反，我发现有很多报告者和报告会都有着不足：自以为是、高高在上、攻击性过强、让人难以理解、让人无法相信、杂乱无章、胆怯、啰唆而累赘、时间过长、过于乏味、过于随便、弄虚作假、对报告材料不自信。具有权威性、放松而自信、幽默而雄辩的报告人就像沙漠中的绿洲一样稀少。

尽管你会在大多数出报告技能培训课程上学到些什么，但你并不一定要听了这些课程才能成为一名优秀的报告者。常识理论告诉我们举行一次优秀的报告会所必需的各个要素。

1. 技巧7"双赢的思考模式"。人们放弃了他们的时间来参加你的报告会。为什么你的报告会能够为他们提供有益的东西？他们可能会从你的报告中学习到某些东西，从而扩大其自身的优势。但是，你可能会说："我准备做一个销售方面的报告会。我要向他们推销产品，而不是让他们受教育。"嗯，我可不这样认为。我常常要举行销售报告会。但是，最好的销售报告会是先让我的听众们可以从我的报告中学习到某些东西，然后在其中发布一定的销售信息。你能够记住多少纯粹的销售报告会？所以，第一点就是：你要告诉你的听众一些对他们有益的东西。如果可能的话，可以在报告会之前对听众进行调查，了解他们感兴趣的问题。这可以在最大程度上保证你能够真正给予他们需要的东西。你可以在报告会马上就要开始前进行这项调查，但是，这项调查进行得越早，你就会拥有越多的准备时间。

　　　　　　　不做加班族：史上最简单时间管理术

2. 技巧2"'白日梦'法"。好的，你已经决定让他们听到一些对他们有益的东西。现在，你需要决定你所传递的主要信息是什么。众所周知，听众们并不会记住太多的东西，所以你最好确保你所传递的主要信息精炼而有效。

3. 技巧3"构建复杂目标的优先级"。现在，你要决定你传递信息的优先级。研究表明，人类的大脑基本上对以下信息的记忆力最强：

- 在学习早期接触到的内容。（优位效应）
- 在学习末期接触到的内容。（近因效应）
- 以某种独特的方式进行强调的内容。

当然，并不需要研究报告来告诉你这些事情。每个报告者都应该了解的伟大格言是：

- 告诉他们，你将要告诉他们什么
- 告诉他们
- 告诉他们，你已经告诉了他们什么

同时，研究也表明，人们能够记住他们特别感兴趣的内容。所以，提前了解听众的兴趣所在是非常重要的。这也告诉我们应该以听众的角度去表达

我们的每一个观点。（技巧7：双赢的思考模式）

4. 技巧5"建立'最危险的10项风险'清单"。所以，事先估计好观众们可能提出的问题。如果你不能做到这一点，就不要给听众提问的机会。听众的提问往往会让你偏离原定的方向，传递你不想传递的信息。而不给听众提问的机会，可以避免这些问题的发生。但是，听众的提问可以帮助你找到报告中的不足、模糊或易于引起误解的地方，所以能够为你改进自己的报告提供重要的作用。当然，如果你把报告会看做一次学习的机会的话。并非每个人都会这样做。

5. 现在去举行报告会吧。根据"构建复杂目标的优先级"的技巧，在一开始就表述你最重要的信息。利用接下来的时间展开话题。并在会议结束时，再次强调关键的信息点。

> "人们能够记住他们特别感兴趣的内容。"

案例15："常识性"推销

在我不得不亲身从事这个行当之前，我乐于承认我对于推销工作有一种畏惧感——只要一想到我必须对那些人甜言蜜语，以便让他们把钱投进我那无底洞般的口袋。然而，现在我已经不再把它看成一件困难的事。实际上，我更热爱把这项工作做好后所获得的成就感。

我意识到，做好推销工作的关键在于，必须让人们产生购买动机。也就是说，你所销售的产品或服务必须能够为他们解决切身的问题。那么，你应该如何成功地推销呢？（注意，在以下所展开的优先级中，符合我们所讨论的第3条技巧，"构建复杂目标的优先级"。）

1. 技巧2 "'白日梦'法"，是我们的起点。我们要去销售什么？在行话中，我们必需获得"产品知识"。我们必需了解我们所销售的产品/服务的每个方面（它的特点）：它如何运转，它为什么能够为人们提供价值（它的价值）。它的价值是最重要的。为什么一个神经正常的人会愿意购买它？它会为他们做什么？它如何提高他们的生活质量？太多的时候，人们推销的是产品/服务的特点而非价值。我们必须了解我们所推销的产品或服务与其他相关的产品/服务的适应性，这其中不仅包括我们所出售的产品/服务，也包括竞争对手出售的产品/服务。我们必须了解它的交货方式。我们必须了解它的定价技巧。根据技巧1（"电梯自我营销"法），如果我们问自己一些简单的问题（什么？哪里？何时？为什么？如何？），我们就可以了解我们所需要的所有信息。

2. 了解了我们要去销售的产品/服务，接下来我们必须找到愿意购买这些产品/服务的人。这些人（a）面临着你所出售的产品/服务能够解决的问题；（b）拥有购买你的产品/服务的足够资金。考虑这一点，你就会发现有一个特定的人群的购买几率要远远大于其他人群。事实上，会存在一种理想的消费人群，不仅具备购买需求，也具备购买能力。只要你能确定这些目标消费人群应具备的特点，你就可以在普通人群中寻找这些消费者。广告、邮件推销、电话推销等等，都可以让你找到这类人群。你也可以根据消费者所具备的特征来判断他/她的购买几率有多大。一个具备所有目标特点的潜在消费者当然会比只具备一两种特点的消费者更可能购买

不做加班族：史上最简单时间管理术

你的产品/服务。

3. 现在，你已经找到了你的目标消费人群，你需要把
你的产品/服务卖给他们。你需要找到一种方法，
以便把你的产品/服务呈现在他们眼前。在一些情
况下——比如，你开了一家店——消费者能够自己
接受产品/服务。（至少，你希望他们会这样）否
则，你不得不找到一种方式以接近你的目标消费群
体。你可以打广告、直接发送推销信函、在推销信
函后再打个推销电话，但是无论以哪种方式，最终
你都必须与消费者见面。在这次见面中，你的目的
是让他们相信你能够解决他们所面临的问题。有
时，他们会直接告诉你这一点。有时，你必须主动
提出这一点。重要的是不要一下子就跳到你的解决
方案。否则，你可能会解决错误的问题，或者完全
不能解决消费者的问题。

运用技巧7"双赢的思考模式"。假定你是在
他们的岗位上，在他们的情况中，去看待他们所描
述的问题。尝试去理解为什么他们所描述的情况会
构成一个问题。尝试把问题的各个方面联系起来。
（技巧3：构建复杂目标的优先级）。重申他们的问

题——"那么，当发生这种情况时，你就会遇到这样的问题。""但是这意味着有时这种问题一定会发生。"——从而表明你理解了他们的问题。尝试理解这一问题让他们在经济上所付出的代价。尝试不要把自己看做一名推销员，而要成为一名顾问。如果你能教会他们某些事情，比如一些小窍门，那么你的推销工作就会顺利得多。

4. 现在提出你的产品/服务。你的产品/服务要么能够解决他们的问题，要么不能（技巧6："庖丁解牛"法）。如果不能，那么就走开。如果你尝试欺骗顾客，那么你迟早会被发现。让我们假设你的产品/服务能够解决他们的问题，而且你正确地完成了第1-3步骤的内容，那么这时就应该提出你的解决方案了。表明你的解决方案可以有效地解决对方问题的各个方面。表明你的解决方案如何为类似的客户解决了类似的问题。鼓励顾客提出问题，以免你没有真正解释清楚问题或问题中的一部分。鼓励对方提出反对意见，这表明你忽略了对问题的某个方面的分析。这不仅对于特定的销售工作很重要，也让你能够提高自身的分析能力和表达能力，从而避免在将来再次犯类似的错误。通过这种方法，顾客的反对意见变成了你提高自身能力的重要途径。最后，如果可行的话，用实际行动来验证你的解决方案。

5. 研究表明，导致人们推销失败的最重要的一个原因就是他们没有要求顾客购买他们的产品/服务。所以，无论你觉得这个步骤有多么的乏味，你都必须完成这个步骤的工作。如果你已经成功地发现了对方的需求/问题，并表明自己有能力解决他们的问题/满足他们的需求，那么剩下的就是要求与对方成交。在这个阶段，你可能会遇到最多的反对意见，比如，对于价格的反对意见。所以说，了解对方的问题/需求的经济成本是重要的。如果你因为价格因素而失去了一单生意，那么有两种可能的原因。一种原因是你的出价太高，另一种原因是你从一开始就无法获得这单生意，而价格只不过作为一种借口。因为定价是一门艺术，这总是一种狡猾的问题。我认为，因为价格而失去生意不一定是坏事：它意味着你并没有定价过低。在另一方面，你不想失去太多利润。我曾经看到过一家企业因为定价过低而失去了10%的利润，而这对我（客户）来说则有利得多。

6. 技巧3"构建复杂目标的优先级"，让我们看看推销工作的最后一个步骤。接下来会发生什么？谁来保证必要的文件的签署、备份和传递，保证生意会按双方谈定的方式进行，保证产品或服务按期交货？

那么，你应该怎样做？··················

1. 当你进行某项活动时，别忘了几乎在所有的情况下，都会有人因你的活动而受到影响。你是否能确定这些人是谁？他们的观点和需求是什么？而你应该在多大程度上考虑他们的利益？

2. 技巧2"'白日梦'法"，不仅要求你在某项工作的一开始确定明确的目标，也要求你在整个工作过程中不断地调整和校对目标。

3. 如果可能的话，当你为某事制订计划时，尝试与参与这件事的其他人共同来制订这个计划。

　　　　　　不做加班族：史上最简单时间管理术

8
速度与行动

在一天时间内搞定项目计划的制订

如果你想在尽可能短的时间内完成工作，或者加快项目的进程，或者让产品尽早上市，那么本章会告诉你如何使用各项技巧来实现这些目标。

本章理念 ··················

　　我们的生活越来越忙碌。似乎要做的工作越来越多，而我们的时间却越来越少。我们要做的那些事最后总要花费比我们计划得更长的时间、更多的成本，而且永远不变的，各种讨厌的意外情况困扰着我们。我们每天工作得更晚，或者在周末加班，没有时间照顾家庭，并感到自身的压力越来越大。在喜剧《非常大酒店》里拜索·巴兹尔总结得很出色：

　　"这是什么"他自言自语。

　　"这是你的人生，伙计。"

　　"噢，它太快了。我能再来一次吗？"

　　"对不起，伙计，不行。"

　　如果你想在尽可能短的时间内完成工作，并最大程度上避免意外情况的发生；如果你想让你的时间发挥最大的作用，本章会告诉你如何去做。对我来说，这件事是如此的重要，所以必需用单独的一章来进行论述。与第四章的案例"轻松生活"一起，我认为它解决了我们当今所面对的最重要的问题之一。

　　我们将在下一节介绍两种方法的使用：

- 在一天里完成项目的规划
- 使用"摄制时间表"型项目计划来指导项目的运转

技巧 ·················

在一天里完成项目的规划

在一天内，为一个相当庞大而复杂的项目制订计划是可能的。我这样说是因为多年来我一直这样做，而且从未发生过差错。这可能是缩短一个项目周期的有效的方法。（实际上，这个项目不仅在一天中完成了规划，而且也在我们的脑海中"运转"了一遍。）

如果你不在一天内完成项目的规划，那么你会怎样做呢？如图8.1。

在某些情况下，这个过程要花费数周，数月甚至数年的时间。

作为这个过程的一个对比，我们的方法可以在一天内完成项目的规划工作。如果你被这个概念所吸引，那么让我来告诉你如何去做。

1. 确定项目的所有利益相关人。在你这一天的工作中，会考虑到他们每一方的相关利益。

图8.1

```
1．确定项目需求/要求/问题。
        ⬇
2．撰写项目提案/企划书/项目规程
        ⬇
3．以上文档交由各个利益相关方审阅，并将反馈意见递交文档作者
        ⬇
4．对以上文档进行调整，通过会议/邮件/电话解决各种问题
        ⬇
5．多次重复步骤3-4，直到……
        ⬇
6．各方就以上文档达成一致
        ⬇
7．确定某方负责撰写项目计划
        ⬇
8．撰写项目计划
        ⬇
9．将项目计划交由部分/全部利益相关方审阅，并将反馈意见递交文档作者
        ⬇
10．对项目计划进行调整，通过会议/邮件/电话解决各种问题/不同意见
        ⬇
11．多次重复步骤9-10，直到……
        ⬇
12．各方就项目计划达成一致意见
```

2. 确定一个日子，召集所有的利益相关人参加你的规划会。把这一天明确为你的项目的第一天。

3. 让他们在会前进行准备工作。通过网络发给他们一份备忘录，其纲要如下所示：

给项目规划会议与会人员的简要说明

本次会议的目的：

（a）确定项目的整体目标。

（b）确定完成该目标的项目计划。

每个与会人员为了准备该次会议应进行如下准备：

（a）写下本项目的整体目标。

（b）写下完成这一目标所需的项目计划。

你应该在半天内完成这一准备工作。为了在这一时间段内完成准备工作，你应该注意细节上的有限性。

（a）目标

要确定项目的目标，问自己以下的问题。（在1小时内完成）

• 当项目完成时，我应该如何判定项目的完成状态？

• 当项目完成时，会产生哪些变化？企业——或我的部门——会发生哪些变化？

- 这一项目会影响哪些人和/或人群（利益相关者）？

- 每个利益相关方应如何判断这一项目的成功标准？

- 各个利益相关方的观点是否相互一致？如果不，那么我们是否可能进行一定的妥协？

（b）计划

为了制订项目计划，完成以下步骤。（在前三个步骤上所使用的时间不应超过2-3小时，在后两个步骤上所使用的时间不应超过1小时）

- 为了完成以上的项目目标，你认为必需完成哪些工作？把这些工作写在一张清单上。

- 标记出各项工作之间的相互关系（或与其他项目/工作组之间的相互关系）

- 尝试估计出每项工作的工作量，和项目的总工作量。

- 尝试确定负责每项具体工作的人员。

- 写下你所做的任何假设和未解决的问题。

4. 到了那一天，除了参加会议的各个利益相关方，你还需要两个人：一个主持会议的建导师和一个记录会议进程的速记员。（如果你没有速记员，就必需有人在当天会议结束时将建导师的所有活动挂图记录下来。这虽然也有效，但不如速记员在会议进行时的记录那样准确。）建导师需要一卷遮蔽胶带、4个颜色的记号笔（红、绿、蓝、黑）、一个活动挂图和大量的纸线。速记员应该能够在笔记本电脑上熟练地使用Word、Excel和Project软件，同时配备打印机（如果需要项目计划的纸质副本的话）。

5. 关键的人物是建导师——让我们假设你担任着这个角色——引导会议按计划进行，确保所有的议程如期完成。运用各种技巧，比如通过承诺短时间休息或提供食物，提醒与会者还有多少议程和时间。根据会议的实际发生情况调整会议的时间表，礼貌而坚定地推进会议的进行。

6. 当所有的与会者进行会议室后，当天的会议日程如下：（你当然可能根据你的具体情况修改以下的日程——包括午饭休息和其他休息的时间/时长，开会和休会的时间，等等。）

09:00-10:30　第一部分，确定项目的目标——这个项目能够产生的最佳结果应该如何？

10:45-14:30　第二部分，确定项目计划

14:30-15:30	第三部分，对项目计划进行风险分析——哪些地方可能出错，最大程度地减少出错的可能性
15:45-16:30	第四部分，根据计划指定下一步的行动方案
16:30-17:00	备用

7. 介绍和解释你在会议中的作用，介绍和解释速记员的作用。

8. 第一部分，确定项目的目标。可以使用第二章中介绍的"理解你要去做什么"这一方法。（如果与会人员之前没有采取过这种方法，那么你最好在这样做之前先向他们介绍这一方法。之后的工作同样适用于这一技巧。）问他们6个问题，把答案记在一个活动挂图上。

- 我们如何判断项目的进度？
- 此项目的完成标准如何构成？
- 此项目将产生哪些实质性的工作？
- 这些工作最终应达到何种质量标准？
- 哪些事情明显与此项目有关？
- 哪些事情明显与此项目无关？

9. 重申他们的答案——"那么如果这个、这个和这个发生了，就意味着项目结束了，对吗？""那么如果这个发生了，就意味着项目成功了，对吗？"你可以为这种问句增加额外的细节。

10. 当与会人员没有问题时，你就初步确定了你的项目范围。

11. 将记录有你的项目范围的活动挂图挂在墙上。

12. 现在，根据这幅活动挂图，要求与会人员帮助你列出项目的所有利益相关人。

13. 要求他们说出每个利益相关人的相关利益是什么。

14. 当你完成上述步骤后，向与会人员逐个发问——"活动挂图中所确定的项目范围，是否能让所有的利益相关方感到满意？"

15. 如果对方回答"是"，那么接着提问下一个利益相关人。如果对方回答"否"，那么在项目范围内增加内容。

16. 在你向所有的利益相关方提问后，你再次重复他们的答案，如果他们没有任何补充，那么就最终确定了你的项目的工作范围。

17. 第二部分，制订项目计划。为了制订项目计划，

　　　　　　　不做加班族：史上最简单时间管理术

先要求与会人员说一说构成项目的各个主要阶段有哪些。

18. 现在，将每个主要阶段分解为更具体的工作——正如我们在第三章所介绍的。（如果你使用Microsoft Project软件，那么可以运用任务结构编号。）

19. 在你确定了项目中的每项具体工作之后，为部分或全部工作补充以下信息：

- 工作之间的相互关系（明确地）
- 每项工作的工作量（如果你想了解这个项目的预算）
- 每项工作的具体负责人员（明确地）
- 负责人员可以有多少时间用在这项工作上（明确地）
- 这项工作应在何时开始和结束（明确地）

20. 第三部分，对项目进行风险分析。根据我们在第五章介绍的方法来进行此项工作。

21. 第四部分，根据计划指定下一步的行动方案。根据刚刚完成的项目计划，向与会人员布置下一步的工作方案。

22. 散会。你已经确定了项目的范围、目标，制订了项目计划，并且卓有成效地度过了项目的第1天。

使用"摄制时间表"型项目计划来指导项目的运转

我们制订（或遇到的）大部分计划，在大多数行业中，倾向于代表对于未来的一种茫然的希望。我们（懒洋洋地，在许多情况中）"尽我们所能"，然后把计划置之脑后。有时，我们会认为计划给我们带来了不便——在我们开始充满激情地投入工作之间，不得不完成一篇讨厌的文稿。在最糟的情况下，计划会变成一种形式主义，在最好的情况下，模糊的期望盼来了"大团圆"的结局。

而在另一些行业中，有着强烈的对比。比如，电影制片行业就是一个好的例子。在制片业中，每个电影的拍摄计划都被称为"摄制时间表"。它精确地规定了电影中的每个人（团队）在每天的拍摄计划（项目）。摄制时间表的制订是使用了一种极有效的工具，即条形板。

在第三章的案例1和第四章中，我们已经介绍过条形板的特点和使用方法。这些章节告诉我们如何构建我们自己的"摄制时间表"。但是，这里还有另一个重要的因素——如果我们希望尽快完成我们的项目，那么它取决于我们如何看待我们制订的项目计划。

在制片业，摄制时间表可不是"对未来茫然的希望"。相反，它非常精确地反映了未来的工作情况。它反映了项目中所有的负责人员在未来将要进行的工作。只要摄制时间表一定稿，所有的负责人员都会尽其所能保证项目按计划进行。任何小的延误都会及时得到弥补。不仅如此，他们还不断尝试改善他们的摄制时间表。为什么？因为这样做，他们可以提高按时完成拍摄任务的几率。

我希望你能够明白我们在这里所讨论的是什么。首先，我们把整个项目分解为具体的工作，从而能够看到每个人在每天都将做什么（参见第三章）。然后，我们把整个计划放在条形板上（参见第四章）。然后对计划进行风险分析。但是，真正重要的是我们能够说："这个计划反映了项目在未来的情况。"

这可能看起来微不足道。但是，在我看来，这实际上是精神上的一次巨大跨越——跃过了精神上的一个巨大障碍。在我们行业的项目中，我们实际上不相信可以制订出"拍摄时间表"式的项目计划（实际上，可以）。我们不相信可以把项目计划制订得如此详细和周密（实际上，可以）。我们不相信，我们能够拥有在计划中所介绍的那种自信（实际上，我们能）。

在我看来，只有当我们对自己、团队和其他利益相关进行了"洗脑"之后，才会完成这样的跨越。我们有足够的时间让每个人（包括我们自己）相信这是真的。（因为它就是真的。我所介绍的方法是可行的。我已经这样做了，而且取得了成功。）我们把这种洗脑称为："让每天发挥它的作用。"

你需要应对两类人群——你的团队和其他利益相关人。他们分别需要不同的应对措施。

你的团队

你需要让你的团队理解两点。首先，你需要向你的团队解释项目的整体情况以及每个人在其中发挥的作用。其次，你需要激发他们思考，去寻找缩短项目周期的机会——让每天发挥它的作用。

要做到第一点，你需要参考如下的做法：

1. 集合你的团队。让所有的团队成员带上他们的日程表或日历。

2. 为每个团队成员分发一份项目计划（条形板形式）。

3. 向他们通报项目的整体情况——项目的目标、期限、工作量和预算情况、质量标准、相关团队、项目计划中的基本假设和任何需要处理的突出问题。

4. 现在，带领你的团队一行行地阅览条形板（项目计划）。遇到他们必须完成的工作任务时，要求他们注意自己的日程安排。帮助他们利用日程表去分配时间。没有哪种方法比让员工发挥自主精神更好了。

5. 接下来，了解整个项目中所预留的备用资源情况。

6. 带领团队进行风险分析。

7. 回答团队成员的提问，如果某些提问暴露了项目计划中的问题，那么你最好利用整个团队集合在一起的契机把问题解决。（可能有一些问题只关系到一少部分人，那么你可以把这些问题留到会后解决，只要告诉他们在一个明确的时间向你汇报，并提出解决方案。）

现在，你可以让他们想一想如何进一步缩短项目的周期。你可以根据以下的纲要去做：

1. 当日事，当日毕。

   向团队灌输"当日事，当日毕"的理念——只要计划中要求某项工作在当天完成，那么就必须在当天完成。告诉他们，只要他们完成了计划规定的当天工作，就可以下班回家，无论那是在什么时间。这只应该允许一种例外，那就是通过着手第二天的工作，可以加速项目的进行。注意，这种情况不会一直发生。比如，A和B工作都需要在C工作前完成。而A工作已经完成，而B工作还未完成，那么团队成员就不能开展C工作。

2．对增加项目的工作范围要非常敏感。

　　如果团队总需要对新的工作进行讨论，那么整个项目永远也无法完成。所以，训练你的员工随时留意那些间接地增加项目的工作量的事情。总会有这样的事情，你不得不接受其中的一部分，但是也有很多事情可以通过与利益相关人的再次协商加以解决。

3．如果团队成员发现他们处于等待状态，应向管理人员汇报。

　　在第1点的例子中，如果工作A完成，而负责该项工作的查理发现他不得不等待B工作的完成，比如，要等待1天的时间。告诉他们遇到这样的情况应该向你进行汇报。你和他们将共同决定如何更好地

　　　　　　　不做加班族：史上最简单时间管理术

度过这一天的时间。

4. 如果员工发现工作可能出现延误，那么应该尽快向管理人员汇报。

当然！但是要注意，你（作为项目经理）不应该是唯一维护项目计划和缩短项目周期的人。每个人都应该肩负起相应的责任，从而在整个项目团队中营造一种健康的文化。为何不能为更快地完成工作的员工颁发一些奖励呢？

5. 定期更新跳舞卡片。

通过跳舞卡片，人们可以知道他们的工作是否超过了他们的能力范围。而运用跳舞卡片从一开始就预防这种情况的发生是更明智的作法。

6. 如果团队可以提前开始一项工作，那么不要放弃机会。

在第1条的例子中，各项工作之间的界线可能并不会那样清晰。往往在工作B仍在进行的同时，人们就可以着手工作C的部分工作。这种工作重叠往往可以帮助你节省一些时间。

7. 如果团队可以提前完成一项工作，而又不牺牲质量，那么不要放弃机会。

让团队了解他们应该随时寻求提前完成工作的机会。比如，先完成工作的基本内容也许比较容易，再逐步完成更复杂的工作内容。或者我们可以让某些工作通过测试，即使它仍有一些（很小的）错误。

其他利益相关人

在执行项目的传统方式中，处理各个利益相关人之间的关系可能是其中最困难的一部分。这一般都会包括一名倒霉的项目经理，要忍受着各种利益相关人对项目计划的攻击。

对于面临这种困境的项目经理，我的建议是坚持住，保留自己的计划，不要放弃自己的主张。如果你想在与利益相关人的谈判中获胜，那么你必须选择正确的"竞技场"。如果你选择"权力竞技场"，而你与之谈判的对手往往比你更有权力，或比你的职位更高——你很可能会失败。如果你选择"竞标竞技场"，你是卖主而对方是买主，对方拥有你所需要的资金——你也很可能失败。如果你选择"个性竞技场"，想通过自己的个人力量去获胜——你失败的几率也很大。

在我看来，赢得这场谈判的唯一方法是绝不妥协，让利益相关人接受现实。你拥有三条"防线"。

在理想的情况下，你可以在第一条"防线"阻止他们。通过条形板，你让他们了解每个员工都在多么努力地工作，而必须完成的工作量很大，这本身就表明工作优先级已经不可能再进行任何提高。当你在利益相关人的脑海中构建这样的场景时，他们就会经历与你相同的思维过程。他们开始理解你不得不进行的折衷和不得不面对的种种限制条件。在你总结你的发言时，他们可能不会对你的话感到欢欣鼓舞，但他们坚持让你接受一个不可能完成的任务的几率大大降低了。换句话说：通过条形板所表达的项目计划几乎是不容反驳的。（而甘特图就不是这样，人们常常认为甘特图的制作者会利用各种"花招"，让甘特图只显示出符合他们利益的内容——尤其当甘特图是由计算机生成的时候。）在格式上，你可以在很大程度上参与自己对团队所进行的陈述。你可以让各个利益相关人先了解项目的整体情况，帮助他们分析条形板，并告诉他们你仍会寻求提前完成项目的机会。

如果第一条防线不起作用，他们仍要求你在特定的期限内（或特定的预算/人力资源）完成项目，你可以对项目计划进行调整，看看他们所要求的事情是否有可能实现。

- 你可以降少产品的特性/要求，从而减少项目的工作量。
- 你可以要求将项目的最终期限延后。这种调整有时是值得一试的——特别当最终期限在，比如，12月24日（在圣诞夜前，你还能要求员工们做什么呢？）或者当最终期限在7月或8月，与其他主要假期相冲突时（比如感恩节、复活节等等）。
- 你可以要求增加人力资源。看看是否能够产生效果。（别忘了布鲁克斯定律："为一个已经延误的项目增加人手，只会让这个项目更加延误。"）
- 你可以考虑是否能够降低质量标准。当然我们不会对质量做任何折衷，但我们经常可以接受一定幅度的质量下调。

凭借前两道"防线"，你很可能已经运用理性、事实和逻辑，解决了与各个利益相关人之间的矛盾。这两道"防线"是文明的方式。然而，有时，有些利益相关人并不在乎这样的方式。他们会否定你的主张，坚持不理智的行动。他们指责我们不配合他们的工作。他们叫嚷："别跟我说问题，说说你的解决方案。""要是你不能做，我会找别人来做。"这时你可以回答："我的计划表明你的要求是不可能实现的。但是，我已经准备好试一试。我不能保证我能按期完成项目，因为我相信这是不可能的。我可以保证每周我会向你汇报项目的进展情况。如果真的像你说的那样，那再好不过了。但是，如果项目真的像我预期地那样发展，那么就是你出了问题。"在这里，关键词是"你"。是他们的观点有问题，而不是你的。如果他们愚蠢到已经向他们的上级（或其他利益相关人）承诺了什么，那也不是你的问题。如果你的前两道"防线"不能帮助你，那么你必须在这里坚持你的观点。如果你按照我说的去做，你会取得成功。（如果你不相信，那么试试看会发生什么。）

一旦你正确地设立了利益相关人的预期，正如我们刚刚所讨论的，你可以开始这个项目。在整个项目期间，你可以不断地为你的团队和其他利益相关人"洗脑"。运用我们以上所介绍的方法，"让每一天都充分地发挥作用"。

你可以运用条形板来了解项目的进展状态。在当天的位置画上一条水平线。水平线之上的工作都应该已经完成。如果的确如此，那么你的项目正在按计划进行。如果并非如此，那么你的项目出现了延误。如果不仅横线之上的工作内容已经完成，还有一些横线以下的工作内容也完成了，那么说明你的项目进展提前于原计划。

案例 ··················

在我所撰写的《如何在网络时代成功地进行项目管理》一书中，有完整的、针对各个行业的实际案例。这些案例运用了以上方法去制订和执行项目计划。

那么，你应该怎样做？ ··················

1. 尝试在一天内完成项目计划的制订。先在较小的项目中实践这一方法，以获取自信。你不会再愿意使用原来的传统方法。
2. 还是先在较小的项目中，运用"摄制时间表"这一概念。注意，"小"不一定代表着"不重要"。事实上，这个项目越重要，就越会从这种方法上获益。
3. 把你的收获告诉我们。

　　　　　　不做加班族：史上最简单时间管理术

9 『三层过滤』终极时间管理大法

赢得更多时间，获得更大成功

常识理论的各项技巧也可以应用在时间管理上。在这个过程中，你会学到如何在有限的时间内完成更多的事情。

本章理念 ··················

你可以用另一种方法来看待这个世界。在你的一生中，有很多事情是你不得不做的——比如上班、清理屋前的草坪、购物等等。也有很多事情是你不想做而又不得不做的，比如等飞机、排队、交税等等。还有一些你愿意做，而且乐此不疲的事情——与你的爱人共度"二人世界"、沉醉在你的业余爱好中、环球旅行等等。最后，还有一些事情是你真的一直想去做的——成为一名钢琴大师、学习风帆冲浪、攀登珠穆朗玛峰……

如果你（或我们中的任何一个人）把所有这些事情积累起来，就很可能得到下图。它显示了在你的一生中要去做的所有事情。

一直想去做的事
喜欢做，且乐此不疲的事
不愿意做，但必需做的事
必需做的事

在我们的一生中，实际上我们只能完成这些事情中的一小部分，如下图：

一直想去做的事	
喜欢做，且乐此不疲的事	
不愿意做，但必需做的事	
必需做的事	我们能够完成的事情

如果你参与了传统的时间管理课程或购买了一本这方面的书籍，你的确会变得更有效率——你可以在同样的时间内完成更多的事情。（也有一些华而不实的书籍和课程，不能在这方面给予你任何帮助或指导。）结果如下图。借助时间管理技巧，你提高了你的效率，从而有能力完成更多的事情。

一直想去做的事	
喜欢做，且乐此不疲的事	
不愿意做，但必需做的事	
必需做的事	我们能够完成的事情

236　　　　　　　　　　　　　　**不做加班族：史上最简单时间管理术**

但是，通过对上图左右两侧的直接对比，你就会发现传统时间管理技巧的作用是有限的。对于大部分人来说，左边的事情都要远远多于右边。所以，如果你想完成大量的事情——在一生中、一年中或一天中，那么你需要的不是去做大量的事情。更准确地说，你需要去学习一种技巧，从而避免所有的事情都亲历亲为。这正是本章所探讨的理念。

　　我们可以用另一种方法去思考。大多数人会因为沉重的事务负担而感到巨大的压力——在工作中，甚至在生活中。想像你俯在你的书桌上。你的胸倚在桌前，你的后背向着天。想像你和书桌都在一个巨大的圆桶中（没有盖子）。人们（包括你自己）从桶顶把各种各样的事务扔给你。这些事情落在你的后背上。难怪你不得不俯在桌上。

　　现在，想像一个完全不同的场景。想像你转移到一个圆筒（没有盖和底）中。这个圆筒有三层过滤。当各种事务从顶部进入圆筒时，会得到过滤。这些事务会被过滤三次。在每次过滤的过程中，都会有一些事务被过滤出去，也就是说，有一些事情你可以不必去做。当这些事务通过第三层过滤后，事务的总量已经大大减少。所以，最后，它们会落在你的肩上——因为现在你已经可以坐直，因为现在你已经不需要背负沉重的负担。现在，你已经能够对你面对的事务进行管理。

我们将在以下的章节里讨论这三层过滤，并告诉你如何来利用它们。

技巧 ··················

第一层过滤——学习和实践说"不"的艺术

许多事情，很明显，本来就不需要你去做。对待它们就像对待粘在鞋上的狗屎——瞥上一眼，然后把它们甩掉。学会说"不"就像使用电子表格、召开会议、领导团队和制订计划一样，是一种重要的工作技能。

很多人并不具备这种观点。从小时候起，社会就教育我们无条件地接受各种各样的事务。在小学到中学，我们要做练习和各种各样家庭作业，所有的功课和任务我们都不得不接受。上了大学以后，我们仍然面对着各种作业、项目和论文等等。然后，我们走上了工作岗位，等待我们的是工作规程、重要工作范围、工作目标——每时每刻，我们都必须去做这些事情。

但是，的确有很多事情是我们应该去拒绝的（不仅在工作中，在生活中更是如此），而你需要培养自己拒绝这些事情的能力，或者更简单地说，巧妙地说"不"的技巧。你需要学习相关的方法，更重要的是，去实践这些方法。在接下来的"案例"中，我列出了各种巧妙拒绝的方法。而在"那么，你应该怎样做"中，我会介绍一些实践这些方法的途径。

"说不"意味着一种完全不同的处事态度。在许多时候，"说不"这个短语是一种非常模糊的表达方法。每当我使用这个短语时，听众的第一反应是把我看做"顽固僵化/没有团队精神/不合作"的人，似乎我正在建议他们对他们的老板说："听着吧，呆子！"

事实并非如此。对于我们来说，"说不"这个短语意味着与老板的协商和沟通。我们必须向他们解释（使用事实，而不是感觉或情感）——有些事情是可能实现的，而有些事情是不可能实现。后文正是论述这些技巧。

第二层过滤——学习和实践"恶意排序"的技巧

我们可以对工作/事务按优先级进行排序，也可以对它们进行"恶意"排序。下面让我们来逐个介绍它们的技巧：

有时候，你听到一个人说："我有5件优先等级为1级的事情要做，有19件优先等级为2级的事情要做，有47000件优先等级为3级的事情要做。"这并不是优先排序。优先排序是指："如果现在我只能做一件事，我应该去做哪一件？"你会确定优先等级最高的一件事。然后，你对其余的事务再问一次："如果接下来我只能做一件事，我应该去做哪一件？"于是，你能确定优先等级其次的事务。

这件事可能很困难。有时候，你可能需要让你的上级／同事／下属（或你的亲属或朋友）来帮助你做决定。但这正是优先排序。

"恶意"排序是把这个方法进一步深化。我们先对手中的事务进行优先排序，然后在供求平衡点上做一个截取，也就是说，在我们的可支配时间和工作量平衡的那个点上画一道横线，而只做横线以上的工作。比如，你的工作共有40天的工作量，而你只有20天可支配的时间，那么你只在这20天里做最重要的工作，而把其余20天的工作量留下不做。

正如史蒂芬·柯维所说："把精力和时间集中在真正重要的事情上。"而"真正重要的事情"就是那些可能引起严重后果（或重大成果）的事情。而那些相对来说无关紧

　　　　　不做加班族：史上最简单时间管理术

要的事情可以留到以后再做。

在本章的"案例"一节中，我给出了相应的实施措施。我希望你能看到这种方法的巨大效果，特别当与第一层过滤配合使用时。如果你知道（我的意思是真正知道）事务的优先级，那么你就可以对那些无关紧要的事情说"不"，这样你会让你的人生发挥出更大的价值，因为所有的"杂质"都已经从中过滤出去。

第三层过滤——小计划好于大麻烦

最后，我们必须要去完成一些事情。前两层过滤已经帮助我们清除了大量的杂质，只留下真正重要的事情。现在你需要做的，是通过最少的努力把这些事情完成。这就需要我们制订好计划。我们在第三章和第四章末尾所介绍的方法适用于各种大规模的、固定形式的项目。然而，如果总有一些人找到你说："这只要占用你几个小时……"那么两年后，你仍然无法完成你的工作，然后你会发现这些方面适用于在各种情况下的应用。

所以，当某些人要求你去做什么事的时候——不管这件事是大是小，是在工作中，或是在工作之外——与其急匆匆地去做事，还不如先制订一个计划。然后，根据你的计划，告诉他们，哪些是可行的，哪些是不可行的。然后执行你的计划。在第三章和第四章的末尾处，我们详细地告诉你如何去做到这一点。

总之，这三层过滤意味着：

- 我们完全可以不去做那些不需要做的事情。
- 我们仅仅按照我们的优先级做事。
- 我们要通过最少的工作量去完成我们必须完成的事情。

案例 ···················

案例1：巧妙说"不"的方法

以下这些"巧妙说'不'的方法"分别归纳在很多不同的主题之下。让我把我最喜欢的方法放在前面——制作一个标语，用大字写道："你缺乏计划，并非我之所急。"把这幅标语挂在你办公室的门或墙（或其他醒目的地方）。我已经看到过有些人走向别人的办公室，却看到了这幅标语而不得不调头回来的例子。说它好是因为你甚至都不需要亲自张口说"不"。

其他的方法如下：

转移效应

1. 首先问一问为什么必须要做这件事。

2. 转移某些工作要求。比如，当你的老板要求你做某些工作时，告诉他你的工作已经处于饱和状态（看看你这样做的时候会发生什么）。在第四章所介绍的跳舞卡片是这样做的一种好办法。

3. 委托他们去做一些工作。（必要的话，对你委托的人进行培训，可以让你放心地把工作委托给他们去做）。在家里，你能够找到一些人帮助你工作吗？比如，如果你想做所有的家务事，可能你把其中的一些事分配给孩子去做（即使非常小的孩子）。教三四岁的孩子去使用吸尘器或洗碗，可以让他们学会生活技能，体会责任感和成就感，更重要的是，他们会喜欢去做这些事。

4. 停止对每件事说"是"——坚持协商和沟通。尝试重新确定和推迟工作的最后期限。

5. 质疑别人对你的时间请求/对自己的时间要吝惜/当别人浪费你的时间时，不要太有耐心/掌控你的时间——当别人浪费你的时间时，找到一种方法去"惩罚"他们/不允许其他人控制你的时间："我掌控自己的时间"。

    (a) 为他们提供备选方案。

    (b) 轮换相关地点。

    (c) 事先约定好时间而不要顺便走访。

    (d) 适当地召开会议，而不要交换大量的电子邮件。

6. 让人们意识到后果，比如告诉他们："如果我做这件事，就不能做那件事"或"好的，我会做那件事，但这件事就要被迫拖延了"。

7. 你可以制作一个FAQ（常见问题解答）或其他形式的文档，从而让你避免大部分的打扰。

8. 让他人去阅读手册（或说明书）。

9. 尝试不要从其他人那里接手工作（把他们后背上的"猴子"拿下来，放在自己背上）。而要尝试赶走自己背上的"猴子"。

10. 不要过于热心。

11. 不要做那些不属于你的职权范围的事。

12. 如果某人要求你在固定的时间/日期前完成某事，可以问他/她是否可以在较晚的时间/日期完成。

13. 告诉他们你的工作量，要求他们对事务进行优先排序。一个跳舞卡片是做这件事的好办法。

14. 问问他们到底想要什么。

15. 每次做一件事，在你做事的过程中不允许别人打
    扰。

向自己要时间

16. 设定免打扰时间或所谓的"动力时间"。有些人也
    称之为"我时间"。

17. 红时间/绿时间。你可以把一天分为红时间和绿时
    间。比如，你可以把每天的10：00—11：30和2：30—
    3：30确定为你的红时间。在红时间内，你不可以被
    打扰，也不接待任何打扰。这让你有机会把精力集
    中在真正重要的事务上。如果有人来打扰你，你可
    以礼貌地向他们解释：只有下一轮绿时间开始，你
    才可以接待他们。在某些工作岗位上，你可能必需
    进行某种安排以掩护你的红时间。向你的同事解释
    你正在执行这样一种时间管理系统可能是一个好办
    法。如果没有其他因素的影响，他们很可能也会应
    用同样的系统。

18. 说："我现在真的忙于做这个。"——指着桌子上
    的某件工作——"我可不可以在……时间（你的绿

时间开始的时候）再去找你？"大多数人都会尊重你的要求，无论你的话是真还是假。

19. 如果你有一些工作还没有处理完，或者你发现工作负担过重，可以向你的上级/同事/丈夫/妻子/孩子/同住者请求帮助，或者（更好的情况下）告诉他们如何去帮助你。把他们对你的支持变成实际行动。

20. 让你进入"不可用"状态

    (a) 关掉你的手机/把手机调成"静音"或"会议"状态。

    (b) 更好地利用"忙碌"信息和有声邮件/把电话调成"占线"状态。

    (c) 转移你的电话。

21. 更灵活地安排工作

    (a) 更灵活的工作时间。（将你的工作时间调整到一天中更早或更晚的时候）

    (b) 在其他地点工作，以免人们找到你。

处理电子邮件

22. 关闭电子邮件指示标志/不查看电子邮件/每周有一天不查看电子邮件/删除所有的电子邮件（如果

不做加班族：史上最简单时间管理术

重要的话，人们会再次发送这封邮件）/从不删除收件箱中的邮件，但只处理那些符合你的优先级的邮件/不随时查看新邮件（每天查看收件箱2-4次）/提高撰写邮件的质量（指出所需的行动）/从最近收到的邮件开始处理，直到最老的邮件。

23. 如果收到一封邮件，你可以忽略它或不回复。（你知道，如果这封邮件的确重要的话，他们将再发送一遍。而你随时可以否认你收到过这封邮件，因为服务器总有出错的时候。）

24. 问："你为什么发给我这封邮件？"

会议

25. 降低会议的时间和次数。

26. 推延会议。

27. 当你的任务完成时离开会议（"我可以先发言吗？"）。

28. 确定适当的会议日程。日程表并不只列出需要讨论的议题，也应该包括每个议题应该花费的时间。如果一个会议没有明确而合理的日程，那么你可以拒绝出席这样的会议。

29. 准时开会和结束。

30. 惩罚迟到的人，比如记录下他们迟到的时间。

31. 在问题没有解决或大家没有取得一致意见之前，不允许任何人走出会议室。

32. 轮换会议的主持者。

33. 站着开会。

34. 提高会议的效率，制订会议的规则。

案例2：了解你的优先级

我是我们小小的培训和咨询公司的老板，但是我几乎没有时间待在办公室中（这的确是真的，在去年我待在办公室里的时间不超过20天）。我几乎把超过一半的时间用于培训或咨询工作。有时候，人们会问我："你怎么来教这门课？"——他们的潜台词是："你怎么不回到你的办公室去，确定企业的战略，制订企业的规则，或者做其他老板该做的事情？"这个问题的答案是教课是我当前唯一能做的最重要的事情。

在我的优先排序中，仅仅有两件最重要的事。一件是我现有的客户，另一件是去寻找新的客户。其他事情都可以先搁置起来。

（你好奇我把另一半时间用在了哪里？我把这些时间用

于写作。多谢你的关心。）

案例3：与你的老板沟通你的优先排序

当我第一次遇到我的妻子克莱尔时，她正在一家大型跨国银行中工作。不久后，我又遇到了她，她告诉我过两天她将进行年度述职。

"很好，"我说，"你准备得如何？"

"我不知道。"她回答。

她接下来解释，直到述职会议真的开始，她才会知道她是"完成本职工作"还是"超额完成任务"。我笑了，因为我以为她在开玩笑。那是一家大型银行，有着非常复杂的绩效管理和考评体系。她怎么会不知道呢？

我渐渐地明白了，当然，不仅克莱尔不知道，许多人都不知道。他们不了解企业如何来考评他们的工作。老板和企业慷慨地为他们制订了工作目标，像"保证客户满意"或"让世界更适于小动物生存"——含糊、难以准确衡量（和评价）的工作目标。结果，人们不了解企业如何评价他们的工作。于是，他们以为每件工作都很重要。换句话说，人们难于把"真正重要的事"与其他的事务分离开来。

现在，如果你能够分清哪些工作是"真正重要的"，而哪些不是，那么你就可以对你的工作进行优先排序。所以，你需要去和你的老板谈一谈，就工作和工作目标达成一致意见。这些目标应该具体、准确、可以衡量，从而避免你对工作是否完成产生任何疑问。

那么，你应该怎样做? ·················

1. 你已经在第四章了解了跳舞卡片的作用和应用方法。为你自己制作一个跳舞卡片，看看你的工作负担是否过重。让我们假设你的工作量比你可支配的时间多出了20个工作日。现在，开始使用本章所介绍的方法（或你自己的方法）实践说"不"的技巧。开始时，先尝试在半天里坚持说"不"。如果这听起来太长，那么尝试1个小时或2小时。就像长跑一样，说"不"是对耐力的考验。如果你能顺利通过半天时间的考验，那么尝试1天、2天，然后一周。坚持下去，直到你的工作量与你可支配的时间可以达到平衡点。如果你实现了这个目标，你就可以向自己保证，你不会再因为不敢说"不"而苦恼了。

2. 找你的老板谈一谈。谈话的开头可以这样说："在一年

（或6个月）后，我们双方如何知道我出色地完成了我的工作？"与你的老板进行沟通，直到这个问题的答案像水晶一样透明，像尺子一样可以衡量。（比如，在以上"现存客户／新客户"的优先级中，都存在着非常准确的衡量措施——像每月完成的课程数量或新客户价值。在我们的小公司中，每个人都遵循这条规律。）不要停下来，直到你们双方把问题谈得非常透彻。

3. 坚持制订计划。坚持——没有例外！使用计划与利益相关人进行沟通，了解哪些事是可能的，哪些事是不可能的。让双方达成共识。然后执行这个计划。

后记

常识理论的记忆——第1点 ·················

在本书中，我不断地提醒你常识理论的七项技巧。我们还可以用另一种方法去思考它们。

第一项技巧和最后一项技巧，可以被看做是这七条技巧的框架——"电梯自我营销"法和"双赢的思考模式"。

第二项技巧是要你了解自己要去完成的目标。

第三项到第六项技巧围绕着复杂目标的优先级（计划）展开，讨论如何更好地完成我们的项目、投资、工作或人生。

常识理论的记忆——第2点 ·················

（a）一般来说，与其选择一种复杂而繁琐的做事方法，我们更应该选择相反的方向。技巧1："电梯自我营销"法。

（b）在面对任何活动/投资/工作/项目时，我们都需要了解我们要去完成的目标。技巧2："白日梦"法。

（c）在我们确定了我们的目标后，技巧3：构建复杂目

后记

标的优先级。

(d) 只有当人们按一定的优先级做事时，复杂目标的优先级（计划）才会成立。技巧4：让组织机器开始运作。

(e) 无论我们的计划制订得如何完善，都避免不了意外事件的发生。技巧5：建立"最危险的10项风险"清单。

(f) 当我们按计划开展工作时，计划中的各项工作要么被完成，要么未完成。技巧6："庖丁解牛"法。

(g) 同技巧1一样，我们应该坚持，技巧7：双赢的思考模式。

常识理论的实施——第1点 ·················

尽管我写下了这些技巧，你也读到了这些技巧，但如果你不能亲身实践它们，它们就变得毫无意义。我们最终确定了七项"常识性"技巧，尽管并非我的故意。如果你想记住，并且应用（更重要）这七项技巧，那么一个好办法是利用每周的一天去记住/应用其中的一项技巧。

- 周一（技巧1："电梯自我营销"法）。注重干练、简约的做事风格。尝试为你的一天制订一个简单的日程计划，而不要像往常那样过于忙碌。在会议中，如果问题看起来变得过于复杂，引导与会人员用一种更简单的角度去分析问题。不断地问自己："它还能用更简单的方式去完成吗？"你可以把这种简单扩展到生活的每个领域——你的穿着、饮食、交通、消耗的资源或产生的垃圾。享受你的"简约之乐"。尝试用一种更简单的方式去做你平常做的事。尝试本书第一章末尾"那么，你应该如何去做？"一节中所介绍的方法。

- 周二（技巧2："白日梦"法）。为你一天的工作/生活制订一个目标，并尽力去实现它。你所出席的每个会议、打出的每个电话、进行的每次发言，都要事先确定明确的目标。在这一天结束里，回顾各个目标完成的情况。尝试本书第二章末尾"那么，你应该如何去做？"一节中所介绍的方法。

- 周三（技巧3：构建复杂目标的优先级）。考虑事件的先后优先级。根据你自己制订的目标来安排一天的事情。换句话说：你要做的各项工作是否来自于不同的"工作链"？在会议、电话或讨论之后，避免让事情"高高挂起"，而应该保证每个人都清楚地了解下一步要怎样去做，做什么。尝试本书第三章末尾"那么，你应该如何去做？"一节中所介绍的方法。

- 周四（技巧4：让组织机器开始运作）。从个人的角度，注重去完成那些你要去完成的工作。在当天结束时，回顾自己做得如何。工作实际上进展得如何？你是否自己确定的目标？或者因为某些意外情况而没有完成工作？如果是后者，你能学习到哪些经验教训？你怎样才能保证这样的情况不再发生？如果有人在为你工作，他们是否明确自己的工作内容和工作目标？当他们按计划完成一件件工作并有充分的时间去履行他们的职责时，你是否感到满意？教会他们使用跳舞卡片，以避免他们的工作出问题，因为他们的问题最终会变成你的问题。尝试本书第四章末尾"那么，你应该如何去做？"一节中所介绍的方法。

- 周五（技巧5：建立"最危险的10项风险"清单）。问自己，在你所有重要的项目中，是否都预留了紧急备用资源/时间？你是否对这些项目进行了风险分析？如果是，检查你的"最危险的10项风险"清单，看看你是否已经采取了所有的措施来规避这些风险。尝试本书第五章末尾"那么，你应该如何去做？"一节中所介绍的方法。

- 周六（技巧6："庖丁解牛"法。如果你愿意，也可以在下周一再应用这一技巧。）如果你在家，那么你很可能会遇到一些（令人不快？）的问题。比如已经拖了很久，需要自己动手解决／维修的一些工作；为下周而进行的洗衣／烹饪等事情；你所参与的课程所布置的家庭作业；照顾孩子的问题，等等。如果你选择在周一应用这个技巧，那么注意工作是否真的完成。如果人们声称他们完成了工作，他们如何来证明他们的话？尝试本书第六章末尾"那么，你应该如何去做？"一节中所介绍的方法。

- 周日（技巧7：双赢的思考模式）这条技巧最好应用在每周的每一天里。花上一小会时间，从其他人的角度去看待这个世界——你的合伙人、孩子、父母、老板、下属、团队成员、同事、伙伴、朋友、亲人。你可能会因你所发现的新世界而惊讶不已。尝试本书第七章末尾"那么，你应该如何去做？"一节中所介绍的方法。

后记

常识性理论的实践——第2点 ···· ···········

　　技巧2"'白日梦'法"和技巧3"构建复杂目标的优先级"为我们处理任何问题提供了非常有效的途径。我们可以在第七章案例15中看到这一点。其过程如下：先运用技巧2确定你要完成的目标。然后根据技巧3，问自己："我的起点是什么？工作链中的第一项工作是什么？"在案例15中，这件工作是了解我们出售的产品/服务。现在，再次运用技巧3，问自己下一项工作是什么？链条的下一个环节是什么？当你确定"工作链"的每一个环节时，我们的各项技巧可以帮助你更深入地分析问题。

　　坚持这样做下去，最终你会从起点到目标建立一个完善的计划（复杂目标的优先级）。

　　最后，祝你好运！

答案及得分

+ + +
+ + +
+ + +
+ + +
+ + +
+ + +
+ + +
+ + +
+ + +

第二章

问题1

(a) 5分。这是我最喜欢的做法。

(b) 5分。我完全尊重你的立场。

(c) 0分。我原本想给你1分，但后来发现你这样浪费时间根本不应该得分。

(d) 1分。我给你1分只因为我的心肠太软。

问题2

(a) 0分。太多的人选择这样做，但它并不是正确答案。

(b) 5分。耶!

(c) 0分。不，同 (a) 。

(d) 0分。不，同 (a) 。

问题3

(a) 0分。不对，不对，不对。客户当然是上帝，但不要按这种价格去满足上帝。

(b) 0分。同（a）。

(c) 5分。对，你并不是一名魔术师。

(d) 5分。对，而且不仅如此，你很明智（能在一开始就预留"紧急储备"），因此才能"求人于水火之中"。

分数

15分　　得到满分并不难。

10-14分　如果你没能拿到满分，我有点怀疑你有时候是否完全明确（并注重）你的目标。

小于10分　你甚至不知道你需要去做什么！

第四章

问题1

(a) 5分。如果项目的目标是稳健的（技巧2）而项目的计划是完善的（技巧3），那么你就可以信赖这个计划。这很合理，不是吗？如果原本应该顺利完成的工作没能顺利完成，那么当然是人员这个环节出了问题。

(b) 2分。这可能是另一种考虑。但是我认为既然这个项目有着稳健的目标和完善的计划，那么人员因素几乎肯定是主要的问题点。

(c) 1分。你可以去收集更多的数据。但我怀疑这些数据是否能够真正改变你最初的发现。

(d) 1分。同样，这是可能的。但以我的经验，这种情况很少见。而且如果你需要考虑其他条件的话，我们会在问题中给出的。

问题2

(a) 5分。这是不错的结果——特别当他的时间管理策略不是特别有效时。

(b) 5分。这是你能够期待的最好结果了。哪怕使用世界上最优秀的时间管理策略，他们每天也要损失1个小时以上的时间。

(c) 5分。你可能会有理有据的争辩，的确，这取决于笨笨。

(d) 0分。不，完全不可能。

问题3

(a) 1分。最可能？这对于你的企业不利，但我认为这不会成为主要的失败因素。

    (b) 0分。完成不可能。

    (c) 5分。对的，不了解员工们的优势和弱点，会让你的企业迅速走向失败，快到甚至让你连说"人力资源出了问题"都来不及。

    (d) 3分。这不是最可能的因素，但它仅次于选项C。

分数

    15分   尽管第二个问题的分数会提高你获得满分的几率，但我仍相信你已经证明自己足够优秀。

    10–14分   没关系。你对于员工们能力的有限性有着良好的感觉。

    小于10分   回答这些问题时要慎重哦。

第七章

问题1

    (a) 0分。无论对方讲理或不讲理，我从来没有见过这种情况的发生。

    (b) 5分。他辞职？几乎是肯定的。起诉？不要抱侥幸心理。他会赢得这场官司的。因司法诉讼而让你损失的资金会远远高于他的薪金。

(c) 0分。最不可能发生的情况。扣减一个员工的工资是对其最核心利益的打击。

(d) 5分。我希望你选择了这个选项。

问题2

(a) 5分。在我看来，这是绝对正确的。没解决这个问题，会让整个企业倾向于忽略员工的感觉。

(b) 1分。你的想法是正确的，但是我更愿意看到你选择选项A。

(c) 0分。不对，参考选项A。

(d) 0分。不对，参考选项A。

问题3

(a) 5分。尽管这并非是一种错误，但我承认在很多企业中把它看做一种错误来对待。尽管人们并不期待奇迹，但同样，我要承认在很多企业中，掌权者正在幻想员工们去创造奇迹。最后，如果你的老板能够实事求是，能够接受好的、坏的或中性的事实，那么向他报告坏消息是正确的做法。

(b) 4分。只要消息是真实的，这并非是一种错误。我扣掉一分（"不公平！"你也许会喊。），只为了提醒你那残酷的现实。

(c) 4分。如果真的没有什么去报告，那么就不算什么错误。但如果你试图隐瞒某些信息，那么你真是太"淘气"了。扣掉一分，原因如上。

(d) 5分。这是一种错误。

分数

15分	满分表明你对于此类问题有着敏锐的感受力。
14分	好的，不错。
小于14分	在这么重要的问题上可不能犯错。

参考资料

这个名单包括部分章节中的引用文字以及我在写作本书过程中所参考的其他一些出版物。

Boehm, Barry (1981) *Software Engineering Economics*, Englewood Cliffs, NJ: Prentice Hall.

Boehm, Barry W. and Ross, Rony (1989) 'Theory-W software project management: principles and examples', *IEEE Transactions on Software Engineering*, Vol. 15, No. 7, July, 902-16.

Buzan, Tony with Buzan, Barry (1993) *The Mind Map Book*, New York: Plume/Penguin.

Carroll, Lewis (1998) *Alice s Adventures in Wonderland/ Through the Looking-Glass*, Oxford: Oxford Paperbacks.

Charan, Ram and Colvin, Geoffrey (2001) 'Managing for the slowdown', *Fortune*, 5 February.

Chopra, Deepak (1996) *The Seven Spiritual Laws of Success*, London: Transworld Publishers.

Cooper, Alan (1999) *The Inmates are Running the Asylum*,

Indianapolis, IN: Sams.

Covey, Stephen R. (1989) *The 7 Habits of Highly Effective People*, London: Simon & Schuster.

De Bono, Edward (1971) *Lateral Thinking for Management*, Harmondsworth: Penguin Books.

De Bono, Edward (1999) *Simplicity*, Harmondsworth: Penguin Books.

DeMarco, Tom (1997) *The Deadline*, New York: Dorset House Publishing.

Dickens, Charles (1994) *Oliver Twist*, Harmondsworth: Penguin Books.

Eberts, Jake and Ilott, Terry (1990) *My Indecision is Final*, London: Faber and Faber.

European Commission, *Opinion of the Consumer Committee adopted on 8 December, 1998 on the reform of the Common Agricultural Policy*.

Fisher, Roger and Ury, William (1981) *Getting to Yes*, London: Hutchinson Business.

Gelb, Michael (1998) *How to Think Like Leonardo Da Vinci*, London: Thorsons.

不做加班族：史上最简单时间管理术

Gilb, Tom (1988) *Principles of Software Engineering Management*, Addison-Wesley.

Gladwell, Malcolm (2000) *The Tipping Point: How Little Things Can Make a Big Difference*, London: Little Brown.

Hamel, Gary (2000) 'Reinvent your company', *Fortune*, 12 June.

Hampton, Henry and Freyer, Steve (1990) *Voices of Freedom*, New York: Bantam.

His Holiness The Dalai Lama (1999) *Ancient Wisdom, Modern World*, London: Little Brown.

His Holiness The Dalai Lama and Cutler, Howard C. (1998) *The Art of Happiness*, New York: Riverhead Books.

Hoff, Benjamin (1994) *The Tao of Pooh and the Te of Piglet*, London: Methuen.

Kellaway, Lucy (2000) *Sense and Nonsense in the Office*, London: Financial Times Prentice Hall.

Lovell, Jim and Kluger, Jeffrey (1994) *Apollo 13*, New York: Pocket Books.

Nalty, Bernard C. and Prichard, Russell A. (1999) *D-Day: Operation Overlord from its Planning to the Liberation of Paris*,

参考资料

Conshohocken, PA: Combined Books.

O'Connell, Fergus (2000) *How to Run Successful Projects in Web Time*, Boston, MA: Artech House.

O'Connell, Fergus (2001) *How to Run Successful Projects: The Silver Bullet*, Addison-Wesley.

Schrage, Michael (2000) 'The broadband promise: every e-mail a Spielberg epic , *Fortune*, Fall, Special Issue.

Schumacher, E. E (1989) *Small is Beautiful: Economics as if People Mattered*, London: Harper Collins.

Schwartz, Nelson D. (1999) 'Secrets of Fortune's fastestgrowing companies', *Fortune*, 6 September.

Shapiro, Eileen (1998) *The Seven Deadly Sins of Business*, Oxford: Capstone.

Smith, Preston G. and Reinersten, Donald G. (1998) *Developing Products in Half the Time,* New York: Wiley.

White, Michael (2001) *Leonardo*, London: Abacus.

Winkler, John (1989) *Winning Sales and Marketing Tactics*, Oxford: Butterworth Heinemann.

Wouk, Herman (1988) *This is My God*, London: Little Brown.